憲法のはなし

岡崎　巌

ラグーナ出版

はじめに

二〇〇一年に茂原革新懇が結成され、機関紙として『茂原革新懇通信』を発行することになりました。それに掲載するエッセイを会員の方にお願いしてきたのですが、途中でついに種切れになり、やむを得ず二〇〇四年三月から私が「憲法のはなし」というテーマで書くことになりました。

私は、茂原革新懇発足のときから、憲法問題を活動の柱の一つにしようと思っていました。というのは、当時、様々な問題のある法案がほとんど国民的な議論をする間もなく、反対の運動もごく一部で行われるだけで、次々に国会を通過、成立しました。例えば、一九七九年、元号法案が二月に国会に提出され、六月には成立しました。また、一九九九年には小渕内閣のもとで国旗・国歌法が六月に国会に提出され、八月には成立しました。

私は、こうした状況を見て、このような動きの行き着く先は「憲法を変える」ことになるにちがいないと考えて、守備ラインをずっと下げて、憲法問題で早くから準備していく必要があると考えました。

そこで、年一回～二回行ってきた講演のテーマは必ず憲法に関連するものにし、憲法全文を冊子にしておりにふれて配りました。

このような私の考えはまんざら的外れのものでもなかったようで、二〇〇四年に「九条の会」の結成が呼びかけられ、またたく間に七千もの九条の会が各地・各分野で結成され、その活動が世論を一定程度動かすようになってきました。そして、特定秘密保護法案や戦争法案に対する広範な市民運動が巻き起こりました。

いよいよ、憲法問題が正念場を迎えました。ここにきて、安倍内閣と自民・公明の憲法破壊の動きが加速してきました。それにストップをかける一助になればと考え、また連載の途中で何人かの方から、「本にしたらどうか」という声も寄せて頂いたこともあり、本の形にまとめてみることにしました。

私は高校で長く世界史を担当してきた関係で、憲法の始まりについては多少知識がありますが、法律や憲法については全くの門外漢です。この十数年、憲法をめぐるめまぐるしい動きの中で、いろいろ学んだことを短文にまとめたに過ぎません。従って、独創的な見解を述べたものでもなく、また憲法について体系的に論じたものでもありません。憲法についてだけでなく、それに関連することもいろいろと考えてみました。

情勢がどんどん変化しているので、現在の時点から見たら内容的に修正すべき点も数多くあると思われます。例えば、二〇〇五年に発表された自民党の改憲草案について考察していますが、自民党は二〇一二年にも新しく憲法草案を発表しています。それについて現在の時点で改めて考察するということもやっていません。

その時点時点での考えを述べているので、下手にいじるとかえっておかしくなるようにも思われるので、「今年」と書いたのが何年のことなのかなどを注記するなど、最小限の加筆にとどめることにしました。

このつたない文が、憲法九条を守るたたかいに多少ともお役に立てば幸いです。

目次

第一話　憲法って何？

憲法って何だろう。「何やら重要な法律らしいし、戦争の放棄とか、民主主義とか、大事なことをきめているものなんだよね。でも、法律って何やら難しそうだし、じっくり見たことはないなあ」というのが大方の人の感じでしょうか。

日本国憲法自身は憲法についてどのように規定しているでしょうか。第九十八条には「この憲法は、国の最高法規であって、その条規に反する法律、命令、詔勅及び国務に関するその他の行為の全部又は一部は、その効力を有しない」とあります。つまり憲法は法律の中でも最高のものであって、それに反する法律は存在することができないわけです。そして法律その他が憲法に適合するかどうかは裁判所が判断することになっています。また、第九十九条には「天皇又は摂政及び国務大臣、国会議員、裁判官その他の公務員は、この憲法を尊重し擁護する義務を負ふ」とあります。

ですから、総理大臣をはじめとする公務員が憲法をいつも座右に置き、自分たちが行っている政治や行政や裁判が「憲法に照らしてどうなのか」と考えながら行動すれば、日本は本当に良い国になるのになあと思います。

ところが残念なことに、第九条2項の「陸海空軍その他の戦力は、これを保持しない」に反して世界第二位の軍事費を使う自衛隊が存在するなど、憲法に違反する事態がまかり通っています。だからといって、日本国憲法はもう価値が無くなったというわけでは決してありません。憲法施行以来五十七年間（二〇〇四年現在）、日本が戦争しなかったのはこの憲法とそれを支持してきた国民の力なのです。（それ以前は、一八九四～九五年の日清戦争以来、一九〇四～〇五、一九一四～一八年、一九三一年～四五年としょっちゅう戦争がありました）。この九十八条及び九十九条のことをもっともっと多くの人に伝えていく必要があります。

このように、憲法は特別な法律ですから、変える場合も、一般の法律とは違って特別の手続きが必要です。つまり、国会議員の三分の二以上の賛成で国会が発議し、国民投票などで過半数の賛成がなければ変えることはできません。

そのうえ、このような手続きさえふめば、憲法をどのようにでも変えられるわけではありません。例えば、前文「これ（主権在民）は人類普遍の原理であり、この憲法は、かかる原理に基づくものである。われらは、これに反する一切の**憲法**、法令及び詔勅を排除する」で明らかです。また第九条「戦争……は、**永久に**これを放棄する」、第十一条「基本的人権は、侵すことのできない**永久の**権利として、現在及び**将来**の国民に与へられる」も同様の意味です。

第二話　憲法のはじまりは？①

憲法っていつごろ、どこで生まれたのでしょうか。「憲法」というと聖徳太子の憲法十七条というのを思い出される方も多いでしょう。「憲法」という言葉自体は明治時代にここからとられたものでしょう。しかし、現代の「憲法」という言葉が意味するものは、憲法十七条とはちがいます。

現代の憲法の祖先が生まれたのは、十七世紀のイギリスです。このころ、強い権力を持っていた王様に対して、だんだん力をつけてきた市民が王様の権力を抑えようとたたかっていました。この過程で生まれてきたのが憲法です。王様がいろいろな名目で人々からむりやり金を取り立てたり、それに従わない人を勝手に逮捕投獄したり。しかし、王様にも弱みがありました。ちゃんとした税金をあつめようとしたら、議会の承認が必要でした（議会といっても今の議会とはかなりちがいますが、とにかく議会があったのです）。一六二八年、議会は税金の承認と引き換えに「権利の請願」というものを可決して王様にその承認を迫ったのです。王様は金ほしさに渋々これを承認しました。これが歴史上最初の憲法です。これにはどんなことが書いてあるかというと、「王は勝手にいろいろな名目でお金を徴収してはならない」「王は勝手に（法律によらず）人々を逮捕してはならない」ということです。

いったんは「権利の請願」を認めたものの、しゃくにさわった王様は以後十一年間議会を開かず、議会で批判されないことをいいことに勝手な政治をやりました。しかしとうとう行き詰まり、一六四〇年に議会を召集せざるをえませんでした。その後、対立は次第に激しくなり、王制がうち倒されるという事態が起こります。これをピューリタン革命といいます。一六六〇年、一旦王制が復活しますが、時がたつにつれ、だんだん王様が専制化してくると、議会は王様を追い出し、王様の娘婿でオランダの貴族であったウィリアムを王様として迎え、その際「権利の宣言」というものを可決してウィリアムにその承認を求めました。ウィリアム夫妻はこれを認めて王となり、「権利の章典」として発布しました（一六八九年）。これがいわば憲法第二号です。このなかには、十三の具体的な権利及び自由が列挙されています。

このように見てくると、憲法とはなによりもまず国民の権利を定めたものであることがわかります。

第三話　憲法の始まりは？②

前回はイギリスのお話をしました。イギリスには、今の日本のような「第一条云々」というような憲法（これを成文憲法といいます）はありません。歴史的に積み重ねられた国民の権利を保障するものを憲法と呼んでいるのです。では成文憲法の最初はどこかというと、アメリカ合衆国（以下「アメリカ」と略称）です。アメリカは十三の植民地がイギリスから独立してできたのですが、全く新しくできたので、イギリスのように慣習的に積み上げられたものので国家を運営するわけにいかず、国家の仕組みを定めたものが必要でした。こうして、「国家の大きな枠組みを定める」という憲法のもうひとつの役割が生まれました。アメリカの最初の憲法は一七八一年に成立した「連合規約」で、現在の憲法は一七八七年にこれを全面的に改正した（発効は翌年）ものです。しかし、この憲法には国民の権利を定めたものが全くありませんでした。そこで、反対派（独立宣言の起草者ジェファーソンなど）はねばり強く運動をすすめ、ついに国民の権利を保障する部分を憲法修正箇条第一条から第十条として加えることに成功しました（一七九一年発効）。アメリカではこの部分を「権利の章典」と呼んでいます。

第三の憲法の誕生の地はフランスです。ここでは一七八九年にフランス革命が起こりますが、そのとき国民議会が宣言したのがいわゆる人権宣言（正確には「人間及び市民の権利の宣言」）で十七条にのぼります。そして、一七九一年にフランス最初の憲法が制定された際に、人権宣言は憲法前文にそっくりおさめられたのです。

アメリカを見ても、三番目のフランスを見ても、憲法が国民の権利を定めたものであることが歴史的事実であることは明らかです。

そして、このことは理論的にも納得できる説明がされています。つまり、国家と個人では圧倒的に国家の力が強く、ややもすると国民の権利は国家によって侵害されかねません。そこで、普通の法律よりも一段高い法律である憲法で国民の権利を保障する必要があるわけです。

脇道にそれますが、こういうわけですから憲法で保障された国民の権利というのは、最初は何よりも国家に対する権利でした（つまり、国家権力が国民の権利を侵害しない義務を負うわけです）。今日ではもう少し広く解釈されるようになってきています。例えば、日本国憲法第十四条には「すべて国民は、法の下に平等であって、人種、信条、性別、社会的身分又は門地により、政治的、経済的又は社会的関係において、差別されない」とありますが、これは国家だけでなく、例えば会社が労働者を差別した場合にも適用されることがあります。

第四話　権利と義務の話①

これまで、憲法はその生い立ちからすると国民の権利を保障するものであるということを述べてきました。ところで、みなさんのなかには「権利」というとすぐ「義務」という言葉が浮かんでくる人も多いかと思います。「近頃の若いもんは権利ばかり主張して義務を果たさん」と戦後大人は若者を批判してきました。

ところが、このような権利と義務の使い方――ある人が権利を持ったらその見返りとして義務を果たさなければならない――は実は正しくないのです。例えば、Aという人がBという人に金を貸していた場合、AはBから金を返して貰う権利を持ちます。これを債権と言います。これに対して、BはAに金を返済する義務を負います。これを債務と言います。つまり、Aが権利を持つとBがそれに対応して義務を負うのです。同じ人が権利を持つ代わりに義務を負うわけではありません。

それでは国民が憲法で権利を保障される場合、それに対して義務を負うのは誰でしょうか。それは国家です。たとえば、日本国憲法第二十六条には「すべて国民は、法律の定めるところにより、その能力に応じて、ひとしく教育を受ける権利を有する」とあります。これにたいして、このような権利が行使できるような条件を整備する義務が国家にあるわけです。もっとも、同条第2項には「すべて国民は、法律の定めるところにより、その保護する子女に普通教育を受けさせる義務を負ふ」とあります。この場合、権利を持つのは誰でしょうか。それは「子女」です。子どもは親に対してと、国家に対して、きちんとした教育を要求する権利を持っているわけです。

以前、高校入試で日本国憲法の「三大義務」に関連した出題がありました。確かに、日本国憲法には前述の二十六条2項以外に第二十七条の「すべて国民は、勤労の権利を有し、義務を負ふ」と第三十条の「納税の義務」があります（その他に、九十九条には公務員に対して憲法尊重擁護の義務があります）。同じ義務という言葉が使われていても、その意味するところは全く違います。それをただ「義務」という言葉で一括りするのは言葉は悪いですが、それこそ「みそもくそも一緒にする」ものです。二十六条2項は国民が子女に対して負うているものです。二十七条の義務は道徳を述べているにすぎません。三十条ですが、これは「納税の義務」にではなく、「法律の定めるところにより」に力点があるのです。前に述べた、イギリスにおける憲法成立の歴史でも、王による恣意的な課税や逮捕が問題にされ、「法に基づかなければ課税されたり、逮捕されたりすることはない」というのが、国民の権利として保障されたのです。この条文はこのような歴史的な背景を負ったもので、「法に基づかなければ税を払う必要はない」ということを言っているにすぎません。強い権力をもつ国家は何も憲法に書いてなくても、刑法、交通法規など一般の法律でいくらでも国民に義務を課すことができます。憲法の三大義務というのは、憲法のそもそもの性格からいって全くナンセンスと言わなければなりません。

第五話　権利と義務の話②　明治憲法

これまで、憲法の誕生の歴史から見て、憲法は何よりも先ず国民の権利を保障したものであること、日本国憲法もその歴史を受け継ぎ発展させていることを述べてきました。だから、日本国憲法の三大義務などということはナンセンスであると言いました。この三大義務という言い方はどこからきたのでしょうか。それは、明治憲法（大日本帝国憲法）です。明治憲法下の臣民（国民ではない）は三大義務を負うとされたのです。即ち、納税、教育（この二つは憲法に）、兵役の義務です。明治憲法では「万世一系ノ天皇之ヲ統治ス」と言うのですから、主権は天皇のものであり、天皇が権利を持てば、臣民が義務を負うのは当然のことです。「教育の義務」は、言葉は日本国憲法と同じですが、意味するところは全く違い、「臣民が、その子どもを立派な臣民に（男子の場合は兵隊に）育てる義務」を、天皇に対して負うたのです。このような、明治憲法のもとでの考え方を主権在民の日本国憲法に持ち込むのはおかしな話です。

では明治憲法はどのようなもので、どのようにして制定されたものでしょうか。

一八六八年、薩摩や長州などが天皇を擁して明治政府をつくりましたが、それに対して、最初は不平士族の反乱が起こり、一八七八（明治十）年の西南戦争の後は、言論による専制政府に対する批判がわき起こりました。これが自由民権運動で、この中で国会開設運動、憲法制定運動が始まったのです。民権派がつくったいわゆる私擬憲法だけでも二十編以上あります。これらの憲法案は明治憲法より遙かに民主的でした。

政府は、さまざまな条例をつくってこの運動を弾圧し、あるいは懐柔し、一八八一（明治十四）年には十年後の国会開設を約束して運動から目標を奪いました。このため、上中層の民権運動は衰退しましたが、農民の運動は激しく続けられました（その一つが映画「草の乱」で描かれた秩父困民党です）。

憲法は、伊藤博文がヨーロッパ（特にドイツ）で学んだことをもとに数人で密かに草案がつくられ、枢密院で審議され、一八八九（明治二十二）年、欽定憲法（天皇が定めた憲法）として発布されました。

主な条項をあげると、

第一条　大日本帝国ハ万世一系ノ天皇之ヲ統治ス
第三条　天皇ハ神聖ニシテ侵スヘカラス
第四条　天皇ハ国ノ元首ニシテ統治権ヲ総攬シ此ノ憲法ノ条規ニ依リ之ヲ行フ
第五条　天皇ハ帝国議会ノ協賛ヲ以テ立法権ヲ行フ

第八条　天皇ハ（中略）勅令ヲ発ス
第十一条　天皇ハ陸海軍ヲ統帥ス
　というわけで天皇は強大な権力を握っていたのです。
第二十九条　日本臣民ハ法律ノ範囲内ニ於テ言論著作印行集会及結社ノ自由ヲ有ス
　とあるのは、たとえ天皇専制のこの憲法でも憲法と名乗る以上、一応「自由（権利）」を保障せざるを得なかったのです。また、不平等条約の改正という課題を抱えていた日本政府は、日本が欧米諸国から信頼できる国であることを示す必要もあったのでしょう。しかし「法律ノ範囲内ニ於テ」という条件がつくと、いくらでも制約することができ、この自由は絵に描いた餅でしかありませんでした。

第六話　日本国憲法の誕生①

　早くから憲法を変えることを唱えていた人々は「この憲法はアメリカに押しつけられたものだから、自主憲法を制定すべきだ」と主張しています。この主張の当否を検討するには、日本国憲法の誕生した経過を見る必要があります。

　戦後日本の出発点となったのは、ポツダム宣言です。なぜなら、日本はこの宣言を受諾して降伏し、戦争が終わったからです。長いので多くは引用できませんが、次のような部分があります。

六、（前略）日本国民ヲ欺瞞シ、之ヲシテ世界征服ノ挙ニ出ツルノ過誤ヲ犯サシメタル者ノ権力及勢力ハ、永久ニ除去セラレサルヘカラス

十、（前略）日本国政府ハ日本国国民ノ間ニ於ケル民主主義的傾向ノ復活強化ニ対スル一切ノ障碍ヲ除去スヘシ。言論、宗教及思想ノ自由並ニ基本的人権ノ尊重ハ確立セラルヘシ

従って、当然これに反する大日本帝国憲法をそのままにしておくわけにはいきません。新しい憲法の案について、日本占領の全権力を持つマッカーサーは「日本政府が自ら改正を行うべきである」という方針を当初持っていました。そこで、当時の東久邇首相は憲法問題調査委員会を設置し、法律学者（ただし憲法ではなく商法が専門）の松本烝治が委員長に任命されました。彼や東久邇首相、吉田茂外相など政府首脳は「憲法改正は必要ない」と思っていましたが、民間で多くの憲法案が発表される中で、明治憲法をほんの少し修正した改正案をつくりました。例えば、天皇は「神聖ニシテ侵スヘカラス」を「至尊ニシテ侵スヘカラス」にするというのです。松本案は正式に発表される前に毎日新聞にスクープされ（一九四六年二月一日）、当時のメディアはいっせいにこれを反動的であると批判し、民衆もこの批判を強く支持しました。

そこで、マッカーサーとその側近は、日本政府にはポツダム宣言の要求を満たすような憲法草案を作成する能力はなく、自分たちで案をつくらなければならないと考えたのです。すぐにGHQの民政局の中に二十五人――十三人の軍人（と言っても職業軍人ではなくもともと

は弁護士や教授など）と十二名の民間人―が集められ、この人たちが一週間にわたって大車輪の活動を展開して草案を作成したのです。

この作成の過程では、大学の図書館を回って英語版の各国の憲法を集めたり、国内で次々に発表されたさまざまな憲法案も参考にしました。特に鈴木安蔵、大内兵衛、森戸辰男などの憲法研究会の案（これは自由民権期の植木枝盛などの案を継承しています）は、最も大きな影響を与えたといわれます。

憲法が制定されるまでにはこのあとまだ色々なことがありますが、ひとまずここで中断して、これまでのことから何が言えるかまとめてみましょう。

①日本国憲法の最初の草案はアメリカ人によって作成されたことは事実である。

②しかし、もし「自主憲法を」と言うのなら松本案ということになるが、当時の政府の自主性にまかせたら、今私たちはとんでもない憲法のもとで暮らさなければなりません。自主的であれば良いとは言えません。

③ＧＨＱの民政局の案はアメリカ憲法のコピーではなく、世界の憲法や民間の憲法案も参考にしてつくられています。ですから、日本人の意見も反映されているのです。この点は今後の経過の中でも指摘できます。

第七話　日本国憲法の誕生②　ベアテさんのこと

前回は、「日本国憲法はアメリカに押しつけられた憲法だから変えるべき」という意見の当否を考えるために、憲法がどのようにして誕生したかを見てきました。そして政府が設置した憲法問題調査委員会がつくった自主的な案が明治憲法と殆ど変わらないものだったことから、ＧＨＱが大急ぎで草案をつくったことを述べました。

ＧＨＱでどのようにして草案がつくられたかは、当時そのメンバーのひとりであったベアテ・シロタ・ゴードンという女性の自伝『一九四五年のクリスマス』（柏書房）に詳しく書かれています。彼女のお父さんは世界的に有名なピアニストで、ロシアで生まれ、ウィーンで活動していました。彼を熱心に日本に招いたのが山田耕筰です。一度は演奏家として、二度目は東京音楽学校（現在の東京芸術大学）の教師として。そして娘のベアテさんも五歳で来日し、十五歳でアメリカに留学するまで日本で暮らしたのです。彼女がアメリカに渡った二年後に太平洋戦争が起こり、日本に残っていた両親と連絡が途絶えてしまいました。戦争が終わると、彼女は一刻も早く両親に会いたくて、ＧＨＱの民間人要員に応募し再び日本の土を踏んだのです。そして、日本語が堪能であることを買われて、憲法草案をつくる二十五人のメンバーのひとりとなったのです。

彼女は主に女性の権利を担当しました、東大や日比谷図書館などをまわって、外国語憲法文献を沢山借り出してきました。それは大いに他の人の参考にもなりました。つまり、世界中の憲法を参照して、日本国憲法の原案は作成されたのです。また彼女は戦前の日本の女性の無権利状態について、自分の目で見ていました。また、アメリカのタイム誌で働いた経験から、アメリカでも男女平等が実現していないことを痛感していました。日本の女性の地位を改善したい、世界で最もすぐれたものにしたい、という強い思いで取り組みました。委員会ではすべての条項について激しい討論が行われ、彼女が書いた女性の権利の多くは削除されました。後で述べるように、その後もいろいろな段階で議論が行われ、現在の憲法二十四条が誕生したのです（私の勝手な推測ですが、②の部分は彼女が沢山あげていた女性の権利を、「法律で制定すればよい」ということで削除するかわりに入れられたのではないかと思います）。

「憲法第二十四条」

①婚姻は、両性の合意のみに基いて成立し、夫婦が同等の権利を有することを基本として、相互の協力により、維持されなければならない。

②配偶者の選択、財産権、相続、住居の選定、離婚並びに婚姻及び家族に関するその他の事項に関しては、法律は、個人の尊厳と両性の本質的平等に立脚して、制定されなければならない。

また、中心になって働いたケーディス大佐は「国連憲章からの引用と明示する必要はないが、われわれが憲法を起草するにあたって、念頭に置かれなくてはならない」と言っていたということです。

つまり、原案はたしかにGHQがつくったものですが、それはアメリカの考え方を一方的におしつけようとするものではなかったのです。

第八話　日本国憲法の誕生③

これまで、当初マッカーサーが「憲法改正は日本政府が自ら行うべき」という方針を持っていたこと、ところが一九四六年二月一日に毎日新聞にスクープされた政府の委員会案が明治憲法とあまり変わらないものであることがわかると、二月四日から十日までのわずか一週間でGHQのなかに設けられた委員会で草案がつくられたことを見てきました。

一体なぜマッカーサーはこんなに急いだのでしょうか。

実質的にはマッカーサーは日本占領の最高権力者でしたが、形式的には連合軍の極東委員会（本部ワシントン）が最高機関で、その東京における出先機関が対日理事会で、そこでは天皇や天皇制に批判的な国がマッカーサーの権限をしのぐ可能性ができてきたのです。対日理事会が実際に活動を開始しはじめたとき、松本案のような旧態依然たるものを日本政府が出せば、天皇の戦争犯罪が問題になり、天皇制の廃止に至りかねない、とマッカーサーは判断したのです。戦後の日本を統治するには天皇を利用しなければならないと考えていた彼は、このような動きを阻止するために、対日理事会の活動開始の前に、日本政府の案としてもう少し、連合国の人々の納得が得られる案をつくる必要があったのです。ですから、マッカーサーがＧＨＱ案の作成に際して示した三原則の第一に「天皇制の存続」があげられているのです。

次に経過を簡単に整理しておきます。

二月八日　日本政府、松本案をＧＨＱに提出。
二月十日　ＧＨＱの委員会、草案をマッカーサーに提出。
二月十三日　ホイットニー准将と松本、吉田茂会見（日本側は松本案について話し合うものと思っていたが、アメリカ側は松本案を一蹴、ＧＨＱ案を提示）。
二月十九日　内閣に初めて報告される。賛否両論あり。
二月二十二日　天皇に報告。天皇承認。
三月四日　幣原内閣、ＧＨＱ案を元にした日本政府草案（ただし日本語訳の段階でかなり変えられた）をＧＨＱに提出。これを日米双方で英語に翻訳する三十時間に及ぶ会議。
三月六日　日本政府が憲法草案概要を発表。
六月二十五日　吉田内閣、第四政府草案を帝国議会に提出。
十月七日　日本国憲法、帝国議会を通過。審議の過程で三十箇所の修正が行われたが、この中には極東委員会からの指示（立法府の優位など）もあった。
十一月三日　公布。
一九四七年五月三日　施行。
以上が簡単な経過ですが、この経過からどんなことがいえるでしょうか。
①明治憲法を修正する必要はないと考えていた当時の日本政府（幣原内閣や吉田内閣）からすれば確かにおしつけではありましたが、彼らは選挙によって選ばれた日本国民の代表というわけではありません。
②もしこのようなやり方でなかったなら、極東委員会の圧力で、天皇制そのものが廃止されることになったかもしれません。

第九話　日本国憲法の誕生④

これまでのことをまとめてみたいと思います。
日本国憲法の成立には、実にさまざまな要因が働いていることがわかります。
①ベアテ・ゴードン・シロタさんが日比谷図書館や東大の図書館から借りてきた憲法についての外国語文献が参考にされていることは、日本国憲法が世界の憲法の歴史を踏まえていることを意味します。
②彼女は戦前の日本における女性の無権利状態をよく知っていて、それを改善したいという

強い熱意を持っていました、そういう意味では日本の社会の現実を踏まえたものだったといえます。

③ベアテさんによれば、原案作成の中心であったケーディス大佐は「国連憲章の諸原則は、われわれが憲法を起草するにあたって、念頭におかれなくてはならない」といっていたそうです。

④民間では十四の憲法案が出されました。GHQ内の委員会はそれらも見ています、特に鈴木安蔵、大内兵衛や森戸辰男などの憲法研究会が最も影響を与えたと、ジョン・ダワーの『敗北を抱きしめて』(岩波書店)では述べられています。そして、憲法研究会は自由民権運動のなかでつくられた植木枝盛などの憲法案の伝統を受け継いでいるのです。つまり日本の民主主義の伝統も憲法は反映しているのです。

⑤当時の政府も英文を日本語に翻訳する際に巧妙に自分たちの考えを入れています。その後も、前回述べたように、実際に国会に提案するまで政府によって四回の修正が加えられています。

⑥憲法案は一九四六年四月に行われ、女性が初めて参加した総選挙によって成立した衆議院を含む議会で審議され、三十数カ所にわたって修正されました。そのなかで、前文の「主権が国民に存することを宣言し」や第一条の「主権の存する日本国民」という主権在民を明記する表現が加えられました。政府はもともと明治憲法で良いと思っていたくらいだか

ら、主権の存在を曖昧にしようとしていたのです。なお、これには国会内での日本共産党議員の主張と同時に、国民の支持や、極東委員会やＧＨＱの意向も影響しています。以上のように見てくると、日本国憲法は、その価値を否定しようとする人々がいうように、単純に「アメリカに押しつけられた」というものではなく、さまざまな要因が働き、それによってこの憲法がすばらしいものになったといえるのではないでしょうか。

「押しつけ憲法論」を考える上で最後に考える必要があるのは、この憲法を国民の多数が支持したということです、例えば、一九四六年五月に行われた毎日新聞の世論調査によれば、「戦争放棄」に対して賛成70％、反対28％でした、有名な歌人の土岐善麿は次のようにうたっています。

われらとはに　戦はざらむ誓ひ　干戈はすてつ　人類のため
まつりごと　わが手にありと　こぞり起つ　たみの力は　つよくさやけし

第十話　改憲論こそアメリカの押しつけ

これまで、「現在の憲法はアメリカに押しつけられたものだから、自主憲法を制定すべき」という議論が妥当なものであるかどうかを見るために、日本国憲法の成立過程を見てきました。決して一方的な押しつけで現在の憲法ができたものでないことは明らかです。また当時の国民は押しつけとは考えずにこの憲法を歓迎し、押しつけと感じたのは当時の政府（つまり戦前の支配勢力）であることも指摘しました。

「押しつけ憲法論」に対するもう一つの反撃は、改憲論こそ自主的でも何でもなくて、アメリカの押しつけだということを明らかにすることです。

［マッカーサーの押しつけ］

一九四八年五月に、ロイヤル米陸軍長官が「日本の限定的再軍備」という文書を国防長官に提出しています。この文書は若干修正され、四九年二月に正式に統合参謀本部の決定となりました。つまり、アメリカは憲法公布の一年後に改憲の方針を検討しはじめているのです。

改憲論の最初の押しつけは、日本を占領していた連合軍最高司令官マッカーサーによって行われました。朝鮮戦争勃発のわずか二週間後の七月八日、マッカーサーは吉田茂政府に対して七万五千名の「国家警察予備隊」新設を指令しました。警察予備隊は憲法のような国会の審議もないポツダム政令によって警察予備隊令が公布され、できたのです。全くのアメリカの押しつけです。この警察予備隊が保安隊になり、現在の自衛隊になるのです。このときは「警察予備隊は警察の『予備隊』であって軍隊ではない」とされていましたが、その実質は明瞭な軍隊でした。これは憲法の解釈によって憲法九条を事実上改憲する、いわゆる解釈改憲の始まりであり、それはアメリカの押しつけでした。

その後も機会あるごとにアメリカは軍備の増強を日本に迫りました。例えば、一九五三年に池田勇人自由党政調会長とロバートソン国務次官補の間で行われた長期の会談で、三ヵ年に十八万の地上軍をつくることが合意されました。またこの時、**日本の青少年に防衛精神を養わせるような教育立法、憲法改正のための選挙法改正などの実行計画**について合意の覚書が交わされました。

［アーミテージの押しつけ］

最近では二〇〇〇年に、後に国務副長官となるアーミテージが中心になってまとめた、いわゆる「アーミテージ・レポート」が日本の改憲論者を勢いづかせ、自衛隊の海外派兵の強行、自民党の改憲案とりまとめに向かわせているのです。

アメリカはなぜ改憲を要求しているのでしょうか。それは九条改憲によって、集団的自衛権を日本に行使させ、日本が世界のあらゆる所でアメリカと一緒に戦争を行えるようにするためです。

第十一話　憲法九条はどのようにして生まれたか①

いま改憲派によって一番狙われているのは、いうまでもなく第九条です。まず、その全文を引用します。

第九条〔戦争の放棄、戦力及び交戦権の否認〕
①日本国民は、正義と秩序を基調とする国際平和を誠実に希求し、国権の発動たる戦争と、武力による威嚇又は武力の行使は、国際紛争を解決する手段としては、永久にこれを放棄する。
②前項の目的を達するため、陸海空軍その他の戦力は、これを保持しない。国の交戦権は、これを認めない。

このすばらしい条文は、いったいどのようにして生まれたのでしょうか。明治憲法とほとんど変わらない案しか作れなかった日本政府に業を煮やしたマッカーサーが、GHQ内に委員会をつくって原案を作らせたことは第六話で述べました。その際、マッカーサーは三つの原則を示しました。第1項は天皇制を存続させるという趣旨、第3項は封建制度を廃止するというものですが、その間に次のような第2項がありました。

国家の主権的権利としての戦争を放棄する。日本は、紛争解決のための手段としての戦争、および自己の安全を保持するための手段としての戦争をも放棄する。日本はその防衛と保護を、いまや世界を動かしつつある崇高な理想に委ねる。

日本が陸海空軍を持つ権能は、将来も与えられることはなく、交戦者の権利が日本に与えられることもない。

記録でたどれる九条の原案がここにあることは明らかです。問題は、マッカーサーがどのようにしてこのような案を考えたかということです。彼自身は一九五一年、米上院の軍事・外交合同委員会での証言で、一九四六年一月二四日に幣原首相と会談した際に、幣原が核戦争時代の戦争の問題に対する「唯一の解決策は戦争をなくすことだと信じる」といい、「そういう条項を憲法に挿入するように努力したい」と述べたと報告しています。マッカーサーはこの提案に感激して立ちあがって幣原と握手したというのです。このことはマッカーサーの側近ホイットニー准将も証言しています。

一方の当事者の幣原も、その著書『外交五十年』のなかで、敗戦後の電車内で聞いた国民の叫びに打たれた体験を語り、「戦争を放棄し、軍備を全廃して、どこまでも民主主義に徹しなければならん」という信念をもつに至ったと述べています。当事者双方がこのように証言しているのですからまず間違いないということになりますが、いろいろ疑義が出されていることも事実です。「幣原は憲法に入れるということではなくて、自分の考えを述べ、それをマッカーサーが憲法にとり入れることを考えついた」というところが妥当な線ではないかといわれています。つまり、憲法九条は、アメリカによる一方的な押し付けから生まれたのではなく、日本の当時の支配層の一部の反省から生まれたものでもあったのです。

なお、戦前、保守リベラリズムの立場から、植民地放棄や果敢な軍国主義批判を展開し、戦後自民党第二代総裁、首相にもなった石橋湛山が、敗戦直後の一九四五年十月に「靖国神社廃止」を主張し、その中で**「真に無武装の平和日本を実現する」**と述べています。これはマッカーサー・ノートより三ヵ月も前のことです。彼の考えが憲法の制定に影響を与えたわけではありませんが、非武装という考えが日本人の間にもあったという一つの例証です（高橋哲哉著『靖国問題』筑摩書房）。

第十二話　憲法九条はどのようにして生まれたか②

前回は、憲法九条の最初のアイデアはマッカーサーと幣原首相から生まれたと述べました。その後、第八話で述べたような経過で吉田内閣によって国会に提案され、審議されたわけです。ところが、戦争を放棄し、戦力を持たないという、かつてどの国も行ったことのない大変な内容のこの条項は、格別紛糾することなく、スムーズに成立しました。GHQの原案作成の中心になったホイットニー准将は後に、憲法調査会長の高柳賢三に「戦争「放棄」の条項だけは、一回も、またどんな形でも、日本側から苦情や反対が出たことがなかった」と書き送っています。今九条の改変をたくらむ自民党の先輩の保守派の人々にも、ほとんど反対はなかったのです。

これには二つの原因が考えられます。一つは当時の多くの日本人をなお苦しめていた戦争の被害と横暴で愚劣な軍人支配の経験から、多くの国民がまさに「二度と戦争はしたくない、軍隊はいらない」と考えていたからです。

戦争で三百万人以上の日本人がなくなりました。その多くは兵士として、戦闘で戦死し、あるいは南の島のジャングルで餓死し、あるいは大海原に投げ出されて海の藻屑となりました。東京大空襲では一晩で十万人以上の市民が焼死しました。日本で唯一地上戦闘の行なわれた沖縄では、兵士を上回る十二万人の県民が犠牲になりました。広島の原爆で二十万人、長崎で十万人がなくなりました（以上の数字はいずれも日本書籍版「中学歴史」の教科書より）。日本の都市という都市は焼け野原となり、日々の食糧にも事欠くありさまでした。憲法学者の小林直樹さんはその著書『憲法第九条』（岩波書店）の中で次のように書いています。

数百万人の犠牲を払いながら全面降伏に至った太平洋戦争のこうした体験を通じて、大方の国民は、強大な軍事力が国民を守らず、逆に国民の生活をも幸福をも奪うものだという痛烈な認識を共有していたのである。あのように馬鹿げた戦争は二度としたくないという日本国民の実感は、まさに憲法九条に具体化されたといってよい。この点からすれば、日本国憲法は敗戦の焼土の中から「生まれ出ずべき必然の運命にあった」（衆院憲法改正特別委員会最終報告における芦田委員長の言葉）というべきであろう。

現在の日本の人口のうち、六十五歳（戦争が終わったとき五歳）以上はわずか20％です。

当時五歳だった人まで入れても戦争を体験した人はそれだけなのです。（これは二〇〇五年時点での計算。現在は当然もっと少ない）。しかし、あの痛苦の経験をきちんと受け継ぐことができず、再び戦争をする国に進むとしたら、それはあまりにも愚かというべきではないでしょうか。

少し話が横道にそれますが、日本人の犠牲者のことについて触れた以上、落とすことができないことがあります。もちろん、あの戦争で犠牲になったのは日本人だけではありません。二千万人ものアジアの人々が日本の行った戦争で犠牲になったのです。そのことについては、残念ながら我々日本人は、必ずしも十分に認識し、深刻に謝罪することができませんでした。しかし、結果的には、日本が戦争を放棄し、軍備を持たないことを決意し、世界に向かって宣言した憲法九条は、アジアの人々に対する何より大きな謝罪の言葉となったのではないでしょうか。これについてはあらためて書きます。

第十三話　憲法九条はどのようにして生まれたか③

前回、憲法九条がスムーズに成立した原因の一つとして、当時の多くの人々をなお苦しめていた戦争の被害と横暴で愚劣な軍人支配の経験から、多くの国民がまさに「二度と戦争はしたくない、軍隊はいらない」と考えていたことをあげました。

それではもう一つの原因とは何でしょうか。それは実は天皇制の問題です。当時連合国のなかには天皇の戦争責任を追及する意見がかなり強くありました。ソ連、オーストラリア、中国（蒋介石の国民党政府）などです。また、アメリカやイギリスの世論も同様でした。一方、マッカーサーは日本の占領統治に天皇を利用しようとして、天皇の戦争責任を問わず、天皇制を形を変えて存続させる考えでした。第十一話で述べたように、彼が憲法案作成に当たって示した三原則の第一が天皇制の存続でした。もちろん幣原首相にとっても天皇制を守ることは最大の関心事でした。幣原の親友であった大平枢密顧問官が口述し、娘が筆記したメモによると、マッカーサーは「できるだけ早く幣原の理想である戦争放棄を世界に声明し、**日本国民はもう戦争をしないという決心を示して外国の信用を得、**天皇をシンボルにすることを憲法に明記すれば、列国もとやかく言わずに天皇制〔の承認〕へふみ切れるだろうと考えたらしい」、そして、そうする以外に「天皇制をつづけてゆける方法はないのではないかという事に二人の意見が一致したので、この草案を通すことに幣原も腹をきめたのだそうだ」というのです。マッカーサーがＧＨＱの憲法草案の作成を急がせたのも、連合国の対日占領の管理機関である極東委員会が二月二十六日に第一回の会合を開くことになっており、その前に既成事実をつくり、天皇制批判の動きを封じ込めようとしたからです。

憲法を変えることを主張している人たちは、とりわけ九条を眼の敵にし、また、ＧＨＱの手で急いで草案がつくられたことを批判します。同時にその人たちは、天皇制を守ることにも熱心で、できれば明治憲法の下での天皇制を復活したいとさえ考えている人もいます。ところが、皮肉なことに、憲法九条と草案が急いで作られたことこそ、天皇制の存続に大きな役割を果たしたのです。

第十四話　憲法九条はどのようにして生まれたか④

いままでの説明では憲法九条はひょんなことから偶然生まれたように思われた方もあるかも知れません。しかし、歴史は一見偶然のように見えるできごとを貫いて必然が働いているものです。憲法九条は人類の確かな歩みの中にその位置を占めているのです。

人類は長く戦争をやってきました（そのことから、戦争を人間の本能に基づくものと見る向きもありますが、人類が戦争をはじめる前には、はるかに長い戦争のなかった時代があったことも忘れてはいけません）。どんな時代だって戦争は悲しみを作りだし、戦争を否定する考え方も少しはあったでしょう。今から二千数百年前の中国・戦国時代の人である墨子は、「非攻」という平和論・非戦論を唱えました。一六一八年から四八年までドイツを舞台に戦われた三十年戦争の悲惨な場面を、多くの版画に描いたカロが批判的な目で戦争を見つめていたことは、その絵からはっきり読み取れます。しかし、このような考えはめったに歴史の表面に現れることはなく、戦争の指導者（義経・信長など）は英雄としてたたえられてきました。

平和をはじめて体系的に論じたのは十八世紀末のドイツの哲学者カントです。彼が一七九五年に書いた「永遠平和のために」第三条には次のようにあります。

常備軍は、時とともに全廃させなければならない。なぜなら、常備軍はいつでも武装して出撃する準備を整えていることによって、ほかの国をたえず戦争の脅威にさらしているからである。常備軍が刺激となって、互いに無制限な軍備を競うようになると、それに費やされる軍事費の増大で、ついには平和の方が短期の戦争よりもいっそう重荷となり、この重荷を逃れるために、常備軍そのものが先制攻撃の原因となるのである。そのうえ、人を殺したり人に殺されたりするために雇われることは、（略）われわれ自身の人格における人間性の権利とおよそ調和しないであろう。

傭兵の時代は勝利の成算もないのに、命を賭して戦うということはありませんでした。敗北しそうになるとすぐ降伏します。戦争は傭兵同士が戦っているので、一般の市民や農民は関係ありませんでした（ただ戦争が中断し、傭兵が解雇されたとき、彼らが農民を襲うとカロの版画のようにひどいことになるのですが）。しかし、フランス革命以後、国民的な軍隊が誕生すると、多くの人々が戦争に狩り出され、「国家のために」（戦争中の日本で言えば、「天皇陛下のために」）勝利の見こみがまったくなくなっても、場合によっては玉砕まで戦うようになり、戦争の被害はどんどんひどくなります。

二十世紀に入るとそれに武器の発達が加わります。機関銃、戦車、飛行機、毒ガスそして核兵器。このようにして戦争の被害が大きくなるにつれ、戦争に反対して平和を求める声がいままでのように散発的ではなく、大きなうねりとなって起こってくるのです。そしてその流れの中に憲法九条はあるのです。

第十五話　憲法九条はどのようにして生まれたか⑤

一九〇四年の日露戦争のとき、ロシアではトルストイが、日本では幸徳秋水や内村鑑三が非戦論を主張し、またアムステルダムで開かれた第二インターナショナルの大会で、日本の片山潜とロシアのプレハーノフが壇上で固い握手を交わし、満場一致で戦争反対の決議が採択されるという、社会主義者の国際連帯からの反戦論もありました。また、与謝野晶子の「君死にたまふことなかれ」、大塚楠緒子の「お百度詣り」のように戦争否定の感情表現もありました。もちろん、『東京朝日』をはじめ主要新聞はみな戦争を煽り、国民の大半も主戦論でしたが、ともかく、戦争に反対する意見が公然と表明されるようになったのは注目されるところです。

十年後の一九一四年に起こった第一次世界大戦では、反戦論はさらに大きくなりました。特に第二インターナショナルは大会の度に戦争反対を決議しました。しかし、社会主義政党のなかにも植民地領有を認める傾向が広まり、植民地を再分割するための戦争というこの戦争の本質が見抜けなくなり、いざ戦争が始まると、「自衛のため」と称して戦争を支持し、第二インターナショナルは崩壊しました。

しかし、この戦争は戦争を始めた政府も予想もしなかったものになりました。各国政府は戦争は短期間に終わり、自国が勝利すると思って始めたのですが、両軍が何千キロという塹壕を掘って対峙し、それを突破しようとすると大変な犠牲がでるということになりました。また使用される武器や弾薬の消耗がものすごく、開戦当時あったものはたちまち底をつくありさまでした。そのため軍需産業に人も資材も集中し、一般の消費物資の生産は減り、公債の発行による戦時予算とあいまって物資の不足、物価の高騰がおこり、戦争は国民生活のあらゆる面に深刻な影響を及ぼすようになりました。また、戦車、潜水艦、飛行機、毒ガスなどの新兵器の登場は、戦争による犠牲者をますます大きくしました。戦死者は、ドイツ百八十万人、ロシア百七十万人、フランス百四十万人、オーストリア百二十万人、イギリス九十五万人、イタリア四十六万人という、ものすごい数になりました。戦争に対する国民の不満は強まり、その結果ロシアでは革命が起こって戦争から離脱し、次いで革命の起こったドイツの降伏で戦争は終わり、戦争を起こしたロシア・ドイツなど三つの帝政が崩壊しました。

この深刻な反省の中から、人類最初の集団安全保障機構として誕生したのが国際連盟でした。国際連盟はいろいろな弱点がありましたが、国際紛争を戦争ではなく話し合いで解決する国際的な機構が誕生したことの意義は計り知れないものがあり、今日の国際連合に受け継がれています。一方アメリカでは**戦争違法化**（**非合法化**）をめざす市民運動が生まれ、この中からアメリカとフランスの提唱によって生まれたのが不戦条約です。この条約には「国際紛争解決ノ為戦争ニ訴フルコトヲ非トシ（中略）国家ノ政策ノ手段トシテ戦争ヲ放棄スルコトヲ（中略）厳粛ニ宣言ス」とあり、**戦争違法化（非合法化）は国際条約となったのです。**日本も調印しました。憲法九条の文章と比較して見てください。憲法九条がこの流れの中から生まれてきたことがよくわかります。

第十六話　憲法九条はどのようにして生まれたか⑥

前回は、第一次世界大戦という大変凄惨な、国民生活にも深刻な影響を与えた戦争の反省から、国際連盟という最初の国際平和機構や不戦条約が生まれたことを述べました。

しかし、一九二九年に始まった深刻な世界恐慌の中から強くなってきた日本、イタリア、ドイツのファシズム政権によって侵略戦争が始められ、世界はひどかった第一次世界大戦をはるかにしのぐ第二次世界大戦という、さらに悲惨な経験をすることになりました。一つの指標として死者の数をみても、第一次大戦の七百六十万人に対して第二次大戦は実に四千六百四十六万人にのぼっています。

そうなった原因はいろいろありますが、その一つに民間人を大量に殺傷することによって相手国の戦意を喪失させ勝利しようとする戦略があります。この作戦を最初に始めたのが日本で、中国の重慶爆撃はその典型です（余談ですが、重慶で行なわれたサッカーの試合で、中国の観衆が日本チームに行なったブーイングが日本人の反感を買いました。その背景に重慶爆撃があることを知る日本人はあまりいないことは残念です)。イギリスはドイツのドレスデンに対して行いました(ドレスデンは「ドイツのヒロシマ」とも言われ、徹底的な爆撃の跡の一部は保存されています。イギリスのエリザベス女王は戦後ドレスデンを訪問して謝罪しました)。一九四五年三月十日の東京大空襲も東京の下町に焼夷弾を大量に投下し、一晩で十万人もの死者を出したのです。(余談ですが、こうした空襲の責任者であったカーチス・ルメイ少将に対して日本政府は戦後勲一等旭日章を授与しています)。そして、この戦略爆撃の最悪のものが広島、長崎への原爆投下です。核兵器は大量の民間人を殺傷するのに最も適した兵器です。

こうした悲惨な戦争の現実に対して、連合国の側では早くから戦後の平和構想を打ち出していています。それが、一九四一年に米英首脳によって出された大西洋憲章です。この中に「両者は、世界のすべての国民が、実際的および精神的のいずれの見地から見ても、武力の使用の放棄に到達しなければならないと信ずる」とあります。また連合国の中から新たな国際平和機構である国際連合が生まれました。国連憲章にはこのような条文があります。「すべての加盟国は、その国際関係において、武力による威嚇又は武力の行使を、(中略)慎まなければならない。」

また、イタリア憲法(「イタリア国は、国民の自由を侵害する手段として、及び国際紛争を解決する手段として、戦争を否認し」)などのように戦争を禁止している憲法はかなりあります。またコスタリカ憲法が「常設制度としての軍隊は禁止される」とし、実際にそれを守っていることは最近知られるようになりました。

このように、日本国憲法は決して孤立したものではなく、世界の大きな流れの中にあります。ただ、単に戦争の放棄だけでなく、軍隊の不保持と交戦権の否認という、より徹底したものになっているところに特徴があるのです。

第十七話　憲法九条はいま光を放つ①

「憲法九条は時代遅れだ」とか「現実に合わない」などという意見がありますが、どうでしょうか。今回からこのことについて考えてみたいと思います。

日本国憲法が制定された当時、多くの日本人は「戦争はもうこりごりだ」と思っていました。今年（二〇〇五年）は戦後六十年ということで、いろいろなドラマや映画、ドキュメンタリーが放送されましたが、そのなかでもこの言葉はしばしば登場しました。九条は当時の人々の気持ちにぴったりでした。しかしその後、マッカーサーの命令で警察予備隊が作られ、独立後保安隊に、さらに自衛隊となり、それがどんどん増強されていき、一方で戦争を経験した人々が次第に少なくなっていくなかで、日本では冒頭にあげたような意見がだんだん増えていることは確かです。

［イラク戦争反対の大きな運動］

しかし、目を世界に転じて見ると、憲法九条は制定された当時よりもむしろ現在、その意義が見なおされ、輝きを増しているのです。その最大の例がイラク戦争反対の動きです。

ブッシュ大統領がイラクへの攻撃を強行しようとしていた二〇〇三年二月十五、十六日、戦争に反対する集会やデモが全世界でいっせいに行なわれました。六十以上の国、六百以上の都市で取り組みが行なわれ、一千万人以上の人々が参加したといわれます。ロンドン二百万、マドリード二百万、バルセロナ百五万、ローマ三百万、ベルリン五十万…。アメリカでは二百以上の都市で行動が行なわれ、ニューヨークの国連広場前には五十万以上の人々が集まりました。戦争を阻止することはできなかったとはいえ、開戦前にこのような戦争反対の行動が見られたのは未曾有のできごとでした。

また、国連の安全保障理事会では常任理事国のフランスをはじめ、ロシア、中国、ドイツも攻撃に強く反対し、非常任理事国の多くもアメリカに同調せず、米・英はついに国連決議も得られずにイラク攻撃を開始することになったのです。

一九七五年に終結したベトナム戦争のときには、後には日本やアメリカで反戦運動が活発になりましたが、最初はこのような世界的規模の反戦運動はありませんでしたから、隔世の感があります。

九条の会のメンバーのひとりである小田実さんは、アフガニスタン、イラクの泥沼状況などから「武力衝突、殺し合い、戦争がつづきにつづいて、武力、暴力の行使では問題の解決はできない、非武装、非暴力によってしか、つまり、『平和主義』に基いてしか解決できないところまで事態が来ている。とすると、その『平和主義』を基本の原理としてできあがった『平和憲法』は『いまこそ旬』のときに来ている」と述べています。

このように、憲法九条の「戦争放棄」の精神と共通するものが今世界に広まっています。

〔国際会議で九条を高く評価〕

それ以前から、憲法九条は国際的に注目され始めていました。もちろん、自然にそうなったというのではなく、多くの日本人が様々な国際会議で憲法九条の存在を伝えていったからです。

例えば、一九九九年にオランダのハーグで行なわれた市民平和会議は「公正な世界秩序のための十の基本原則」というものを採択しましたが、その第一の項目に「各国議会は、日本国憲法第九条のような、政府が戦争をすることを禁止する決議を採択すべきである」とあります。

またイラク戦争開始後のことでは、二〇〇五年七月ジーパック（ＧＰＰＡＣ「武力紛争予防のためのグローバル・パートナーシップ」）の国際会議が国連本部で行なわれ、「武力紛争予防のための世界行動宣言」が採択されました。その中に次のような文章があります。

世界には、規範的・法的誓約が地域の安定を促進し信頼を増進させるための重要な役

割を果たしている地域がある。例えば日本国憲法第九条は、紛争解決の手段としての戦争を放棄すると共に、その目的で戦力の保持を放棄している。これは、アジア太平洋地域全体の集団的安全保障の土台となってきた。

ＧＰＰＡＣというのは、世界百十八ヵ国のＮＧＯ諸団体の代表約九百人が集まった大変規模の大きな国際会議です。これは、四年前に国連のアナン事務総長が武力紛争を予防する上で市民社会の役割が大きいと考えて呼びかけて始まり、世界を十五の地域に分け、地域ごとの会議を積み重ね、その上で開かれたものです。北東アジアの地域会議は今年（二〇〇五年）二月に東京で開かれ、やはり憲法九条の役割を高く評価する行動宣言を採択しています。

第十八話　憲法九条はいま光を放つ②

前回は、日本国憲法第九条は時代遅れになるどころか、制定当時よりもむしろ現在、世界的にその存在価値が増してきていることを述べました。今回は別の角度から、世界からみた九条の意味について考えてみたいと思います。

［ドイツにおける「過去の克服」］

日本とドイツはかつて同盟国であり、ともに侵略戦争を行って多大な犠牲を生み出した国です。犠牲になった人々の恨みがどんなに深いものか、それは現在でも、殺人事件の犠牲者の家族が必ずといっていいほど、被告の極刑を望む談話が報道されるたびに痛いほど感じられます。日本の行った戦争で二千万人ものアジアの人々が犠牲になったわけですから、その数倍の家族の悲しみを作り出したのです。

日本もドイツもこのことにきちんと向き合わなければ、周辺の国や世界との付き合いはできません。ところが、この点について日本とドイツでは現在大変な違いができています。

もちろんドイツでも最初からきちんと過去を克服してきたわけではありません。終戦時のドイツには八百万人ものナチ党員がいましたから、戦争直後には、「ナチズムの理念はよかったが、実行の仕方が悪かった」「ヒトラーも立派な人だった」と考える人もずいぶん多かったのです。ドイツで「過去の克服」が真剣に取り組まれるようになったのは一九五九年以降です。この時期、若者のあいだでネオナチ的な動きが目立つようになり、国際的な批判が起こりました。これに対して、ドイツでは、小泉首相のように「心の問題で外国にとやかく言われるいわれはない」などと批判を拒否するのではなく、戦争を子どものころに経験した世代の無名の市民たち、学校の教師、メディア、教会関係者、自治体で働く人々などの間で討論が始まり、過去の克服の取り組みが始まりました。一九六一年には、反ユダヤ政策の中心人物だったアイヒマンが潜伏先のアルゼンチンでイスラエルの機関に逮捕され裁判にかけられたことも大きく影響しました。そして、一九七〇年にはブラント首相が訪問先のワルシャワでユダヤ人犠牲者追悼碑の前でひざまずいて献花し、ナチ時代のユダヤ人虐殺に謝罪し、一九八五年にはヴァイツゼッカー大統領が、有名な「過去に目を閉ざす者は結局のところ現在にも盲目となります」という演説をします。ドイツの大統領には政治的な権力はありませんが、この演説は市民を大きく勇気づけ、ドイツにおける「過去の克服」はさらに前進します。いろいろな議論はありましたが、ナチの犯罪については時効をなくしたり、一般国民の空襲被害も補償され（日本では軍人や軍属の恩給だけ）、外国人の強制労働に対する保障も行なわれています。このような努力の結果、ドイツは周辺の国々から受け入れられ、フランスと並んでEUの中心になっているのです。

ドイツがすべて良いわけではありませんが、日本とくらべるとはるかに徹底していることは事実です。

参考 ドイツのことについては詳しいことは石田勇治著『過去の克服　ヒトラー後のドイツ』（白水社）をご覧ください。

第十九話　憲法九条はいま光を放つ③

［アジアの人々にとっての憲法九条］

ドイツに比べて日本は過去の克服が全く不十分ですが、その日本が唯一周辺のアジアの国々から評価されているのが憲法九条なのです。

田母神という現職の航空自衛隊のトップが、「日本の行った戦争は侵略戦争ではなかった」という稚拙な論文を親交のあるホテル・チェーンの会長が主催する懸賞に応募し、一位になったということで大きな衝撃を与えました。

この論文については、右派の学者からも批判がでているくらいで（例えば、「新しい歴史教科書をつくる会」の主要メンバーである秦郁彦氏や防衛大学校校長の五百旗真氏など）、まともに論評するにも値しないものです。しかし右派グループからは大歓迎され、各地で講演に招かれ、大得意になっているようです。彼がこうした論文を発表できるのも、それを支持し、歓迎する政治家たちがいるからです。アパ・グループの元谷外志雄氏が主催する「ワインの会」には安倍晋三氏や鳩山由紀夫氏も招かれ、そこには田母神氏も同席し、にこやかに記念写真におさまっています。

「日本の行った戦争は侵略戦争ではなかった」というようなことを得意げに言っている人たちは、今後の日本の経済や外交をいったいどのように展開していくつもりなのでしょうか。

日本の植民地支配をうけた朝鮮、台湾をはじめ、中国や東南アジアの国々の教科書には、日本が行ったことが、実にリアルに書かれています。日本の歴史教育では残念ながら決して十分とはいえませんが、だからと言ってアジアの子どもたちも同様だと考えると、とんでもない間違いです。

それにもかかわらず、日本の多くの企業がアジア各地に進出し、アジア諸国と密接な関係が生まれています。それはなぜでしょうか。

そこに、日本の憲法九条が大きな役割を果たしているのです。

前に紹介しましたが、二〇〇五年二月に、東北アジア各地の非政府組織（ＮＧＯ）が当時のアナン国連事務総長の呼びかけに応じて集まりました。これは「武力紛争予防のためのグローバルパートナーシップ」、略してジーパックの一部で、七月に国連本部で開かれた世界会議への前段の会議でした。この会議についてＮＧＯピース・ボートの共同代表である吉岡達也さんは『朝日』（二〇〇五年四月七日）紙上で次のように述べています。

議論されたポイントは、日本の憲法九条は一国の憲法条項であるとともに、東北アジア地域の紛争予防メカニズムであるという点である。

この地域最大の経済大国であり、かつてこの地域の住民に多大な惨禍をもたらした日本が「戦争放棄」と「戦力の不保持」をうたう憲法を戦後半世紀にわたり堅持していることに対し、東北アジア市民の評価は非常に高い。

もちろん世界第五位の軍事費を費やし、イラクに自衛隊を派兵しているという矛盾や、巨大な米軍基地が存在する事実を知らないわけではない。

しかし、逆にそうした矛盾が存在し、さらに従軍慰安婦や強制連行問題、靖国神社参拝問題などが存在するからこそ、九条は紛争予防メカニズムとして、より効果的に、機能を発揮しているとも考えられるのである。

そして、ある韓国のNGO活動家の「九条はドイツと違い戦争責任を明確にしない日本の『侵略を繰り返さない』というアジア市民に対する誓いとして機能している」という言葉を紹介しています。

二〇〇五年十月、日本共産党の不破議長（当時）が日本記者クラブで行なった講演のなかで、戦後長くアジアで貿易や経済協力の仕事をしてきた人の話を紹介しています。いろいろとトラブルが起き、戦争中のことを引き合いに出して抗議されたりすることがあり、そういうときの話し合いで一番説得力があったのが、「戦後、日本は変わったんだ。実際、日本はこの五十年間、戦争をしていない。それは、日本が戦争をしないという憲法をつくったからだ」という話だったというのです。

アジアの国々にとって、あの時代のようなことを日本が二度としないという保険、それが憲法九条です。それがあるから、日本は現在アジアと友好な関係を保つことができているのです。憲法九条をどうするかを考えるとき、このことも十分考えてみる必要があります。

日本の侵略を受けなかった西アジアでも、憲法九条は評価されています。

二〇〇三年から〇四年までアフガニスタン武装解除日本政府特別代表を務めた伊勢崎賢治さんは、当時戦闘をくりかえしていた軍閥の武装解除に取り組み、九つの軍閥の約六万人の兵士から武器を回収しました。これはアフガンにおける国際社会の成功した唯一のプログラムでした。伊勢崎賢治さんは、「それは憲法九条の恩恵だった」と述べています。アフガンの軍閥のメンバーは憲法九条のことなど良く知りません。しかし、彼らは日本の「体質」を敏感に感じ取っていたというのです。つまり、侵略などの意図のない経済力のある国というイメージです。彼らはそういう日本だからこそ、警戒心を解いて武装解除を受け入れたというのです。

このように、アジアの国々の日本に対する評価を高めている九条を投げ捨て、アジア諸国との関係を険悪なものにしながら、アメリカの言うがままに海外で戦争に突き進んで行くのが、日本のとるべき道でしょうか。

第二十話　憲法九条はいま光を放つ④

核兵器は地球そのものを破壊しかねない破壊力と放射能という長く人間を蝕む力を持っており、一刻も早く廃絶しなければならない兵器です。しかしその恐ろしい力の故に、また反核の国際的な世論のために、実際にはナガサキ以後使用されてはいません。

［小型武器規制で日本が重要な役割］

実際には、いま現に世界各地で、戦争や内戦やテロで使われ、多くの人の命を奪っているのは、実は自動小銃のような小型武器や迫撃砲や重機関銃などの軽兵器です。国連のアナン前事務総長が在任中に行なった報告によると、一時間におよそ六十人、年間約五十万人の人々がこれらの兵器で命を奪われ、しかも被害者の90%が女性や子どもだということです。

そこで国連では一九九五年以来、小型武器の規制に取り組みはじめました。そして二〇〇一年に国際会議が開かれ、行動計画がつくられました。その内容は次のようなものです。小型武器の非合法取引を禁止すること。そのため、合法的な取引を含め、実効的な輸出入承認制度を確立すること。武器の引き渡しに応じた兵士の社会復帰を支援すること。引き渡された武器を破壊する作業を支援すること。二〇〇三年に開催された「小型武器規制のための行動計画遂行第一回隔年会合」という会議は、この行動計画の実施状況を点検し、次のステップに向かう道筋を決めるために開かれました。

こうした小型武器の規制問題で、日本はずっと重要な役割を果たしてきました。一九九五年に政府専門家会合が開かれたとき議長を務めたのは日本でした。行動計画の草案作りを任されたのも日本でした。そして二〇〇三年の会合の議長には日本の猪口邦子大使が満場一致で選出されています。

国際会議というのは、各国の利害が対立してなかなか一致点を見出すのが難しいということです。ですから、議長はいろいろな機会を捉えて各国の代表と話し合い、なんとか妥協点をみつけようと苦労するわけです。こうして議長国日本が行なった提案に対して、「もっと規制を強化せよ」という意見が出され、猪口さんは「一瞬議場が凍りついた」と言っています。そのまま推移すると、今度は反対の意見が出され、結局会議がまとまることは絶望的になるのです。
ところが、そのとき、アフリカのシエラレオネの代表が発言を求め、「この会議の成果を無にしてはいけない。小型武器問題とたたかう合意がここまで勢いをえたというのに。被害国の苦悩に議長は誠実に現実的に取り組んだ。議長案を支持する。強く支持する」と言ったそうです。シエラレオネという国は長く内戦に苦しみ、小型武器によって百人に一人にあたる五万人が殺された国だけに、その発言には重みがあります。そしてこれを支持する発言が次々に出され、議長総括を添付した報告書が全会一致で採択となったということです。この時のことを猪口さんは次のように書いています。

採択された瞬間、議場から万雷の拍手がわきあがった。閉会を宣言すると、各国代表団が一気に議長席に走り寄り、押し合いながら私に握手を求めてくる。「ありがとう！不可能に思えたことが成功した。議長として我々の大陸を助けてくれた」。アフリカ諸国代表の大きな手。アジア、バルカン、中南米の紛争地域からの代表の輝く表情。涙目の人もいた。モサンビーク出身の国連通常兵器課長が「こんなに多くの国が議長に率直に喜びを表現する国連会議を見たことがない」と隣でつぶやく。小型武器軍縮の実施方法を世界に示し、今後の具体的な取り組みの方向性を各国に与えることになったこの会議の成果を破顔で喜ぶ代表団の姿は、悲劇の深さや対応の遅れへの怒りの裏返しにほかならない。ささやかな成果をかくも喜ぶほど、毎年五十万人におよぶ人間の悲劇は世界から見放されていたのであった（『戦略的平和思考』ＮＴＴ出版）。

ところで、なぜ日本はこのように重要な役割を果たすことができたのでしょうか。それは日本が武器を輸出していないからです。そしてそれは、「平和国家としてのわが国の立場から「憲法及び外国貿易管理法の精神にのっとり」（一九七六年政府統一見解）行われているのです。つまり、憲法九条の具体化の一つとして武器の輸出を禁止しているのです。ここに九条が現実的役割を果たしている厳然たる事実があるのです。

（注）残念ながら、猪口さんは後に武器輸出を推進する自民党の参議院議員となりました。

第二十一話　憲法九条はいま光を放つ⑤

前回は日本が小型武器の規制で大きな役割を果たすことができたのは、日本が憲法九条を具体化し、武器の輸出を禁止してきたからだということを述べました。

［一般の兵器でも］

実は小型兵器だけではないのです。一九九一年、日本が中心になって推進してきた決議案が国連総会で圧倒的多数の賛成で可決されました。それは通常兵器の輸出入を国連に報告し、登録する制度を創設する決議案でした。登録する兵器は、戦車、装甲車、火砲（口径百ミリ以上）、戦闘機、攻撃用ヘリコプター、軍艦、ミサイルとその発射装置の七種類です。

この制度は湾岸戦争のきっかけになったイラクによるクウェート侵略がからんでいます。その背後にはイラクが石油の輸出による利益で武器を買いあさり（一九八三年から一九八九年のあいだに五百億ドル以上）、軍事大国になっていたということがあります。そして、国連の中心にいる安保理常任理事国（五ヵ国）こそ、イラクを含む中東諸国への武器輸出の85％を占めていたのです。

それに対して日本は、イラクへもその他の中東諸国へも一つの武器も輸出しておらず、にわかに脚光をあび、オランダを議長とするＥＣ（欧州共同体）とともに、決議案を提出することになったのです。

この決議は武器の輸出入そのものを規制したり禁止したりするものではありませんが、どの国が急激な軍備拡大に乗り出しているかどうかはつかめるわけです。このとき担当した外務省の担当者は「わが国が、武器輸出三原則に基づき、二十数年来武器輸出を厳格に規制してきたとの実績が評価されたことは間違いなかろう」と述べています。

［いまこの原則が崩されようとしている］

ところが、日本の評価を高めてきた武器輸出三原則を日本政府はなし崩し的にふみにじろうとしています。

それは弾道ミサイル防衛システムに関係して、二〇〇四年十二月に当時の細田官房長官がアメリカと共同で開発・生産を行う場合には武器輸出三原則によらないこととするという短い談話を発表するという形で行われました。国の根幹にかかわるこのような大事な問題を官房長官のたった一片の談話で踏みにじるというのは、本当にひどい話です。

弾道ミサイル防衛システムというのは、敵国から飛来するミサイルを打ち落としてしまおうとするもので、技術的に大変難しく、莫大なお金もかかり、完全に全て打ち落とすなど不可能だといわれていますが、日本の先端技術をアメリカが利用しようとして共同開発をすすめているわけで、その際武器輸出三原則が邪魔になるというわけです。余談になりますが、このシステムの一つがイージス艦から発射されるＳＭ３（海上配備型迎撃ミサイル）です。あの漁船「清徳丸」と衝突、沈没させたイージス艦「あたご」はハワイ沖でミサイル撃墜に成功したということで、祝杯気分で東京湾を航行していたのですが、十一月に行われたイージス艦「ちょうかい」による実験は失敗したということです（一回の費用六十二億円、イージス艦改修費二百四十七億円）。

もう一つのシステムはパトリオット・ミサイルで北朝鮮のノドンを撃墜するとして習志野をはじめ全国各地の基地に配備されていますが、これも効果のほどが誠に怪しい代物です。

武器輸出三原則の投げ捨ては、財界でも進められています。

カメラやプリンターで有名なキャノンは一九九一年に「研究開発五原則」を定めましたが、そのトップに上げられていたのは「軍事利用を目的とした研究開発は行わない」ということでした。それから八年たった一九九九年、キャノンは五原則を改めましたが、そこからは軍事利用を禁止する原則は姿を消しました。

また日本経団連が二〇〇四年七月に発表した提言で武器輸出の「一律の禁止」を解除せよと要求しました。

第二十二話　憲法を守るということ①　朝日茂さんのたたかい

今回は、憲法を守るということについてお話したいと思います。「憲法に書かれているから安心だ」といえないことは、最近では皆さんも色々とお感じのことと思います。

実は憲法自身が憲法が守られない恐れがあることを想定しています。だからこそ、第九十九条〔憲法尊重擁護義務〕で「天皇又は摂政及び国務大臣、国会議員、裁判官その他の公務員は、この憲法を尊重し擁護する義務を負ふ」という条項を設け、また第十二条で「この憲法が国民に保障する自由及び権利は、国民の不断の努力によって、これを保持しなければならない」と述べているのです。

この十二条の述べていることを、文字通り命をかけてたたかったのが、朝日茂さんでした。朝日さんは重度の結核患者で岡山県にある国立の療養所に長期入院していました。彼は生活保護法による医療扶助と生活扶助を受けていましたが、その水準は月六百円で、肌着は二年に一着、パンツ一年に一枚、ちり紙一ヵ月一束というものでした（物価水準が今と違うので分りにくいかと思いますが、一九五六年に高校に入学した私が貸与されていた日本育英会の奨学金は最初七百円で後に千円であったことを考えると六百円はかなり低い感じがします）。担当の福祉事務所は三十年以上音信不通であった兄を探し出し、仕送りを迫り、千五百円の仕送りが行われるようになると、生活扶助は打ち切り、九百円は医療費自己負担分として国庫に納入させました。つまり朝日さんの手元に残るのは以前と同じ月六百円だけでした。これに対して朝日さんは悩みぬいたあげく、重度の病人でありながら、当時の生活保護法による保護基準は余りにも低く、憲法第二十五条がうたう「健康で文化的な生活を営む権利」＝生活権を侵害する、として一九五七年に訴えたのです。この訴訟は、「人間にとって生きる権利とは何か」を真正面から問いかける意味で「人間裁判」と呼ばれ、国民的な支援運動が巻き起こり、東京地裁も一九六〇年十月、当時の生活保護基準を違憲とする裁判史上画期的な判決を下しました。

その後東京高裁は逆転判決、最高裁は上告後朝日さんが亡くなったため訴訟の終結を宣言するという経過をたどりましたから、裁判で最終的に勝利することはできませんでしたが、保護基準が見直され、一・八倍になっただけでなく、特別擁護老人ホームなどの改善や公務員賃金の引き上げにも影響を与えました。この朝日さんのたたかいは高校の公民や政治経済の教科書でも取り上げられています。朝日さんのたたかいは「憲法が身近なものである」ことと「憲法はたたかわなければ守れない」ということを人々に教えたのです。

最後に朝日さんの短歌を一首紹介します。

血を喀きつつ　今日の判決　待ちわびぬ
我に久しき　四年のあけくれ

なお『人間裁判・朝日茂の手記』が最近大月書店から復刊されました。

第二十三話　憲法を守るということ②　朝日茂さんに続くたたかい

朝日さんのあとを継ぐ人がいまでも次々に生まれています。

［学生無年金訴訟］

学生時代に重い障害を負った元大学生が、当時任意加入だった国民年金の保険料を払っていなかったことを理由に障害基礎年金を不支給とされた処分の取り消しと賠償を求める裁判を起こしました。二〇〇四年三月、東京地裁は、「障害を負った学生が保険給付を受けられる立法措置をしないまま放置したのは法の下の平等を定めた憲法に違反する」という判断を示しました。この判決は直接的には法の下の平等を定めた十四条に違反するとしていますが、二十五条も裏で働いています。

今の裁判所は上にいくほどひどくなります。朝日さんの時と同じように、昨年（二〇〇五年）三月、東京高裁は原告逆転敗訴を言い渡しました。それでも一審判決のあと政治が動き、救済立法ができました。なお同様の訴訟は全国九ヵ所で起こされました。一審の判決は五勝四敗でしたが、憲法十四条違反の判断を示したのは東京地裁と広島地裁だけでした。

［婚外子差別訴訟］

「婚姻届の無い両親の間に生まれた子（婚外子）の相続分は、法律婚の両親の子の二分の一」と定めた民法の規定は憲法十四条の法の下の平等に反し無効という判決を一九九三年に松戸市の女性が勝ち取りました。

最近では、結婚していないフィリピン人女性と日本人男性の間に生まれたフィリピン国籍の子供九人が、国に日本国籍の確認を求めた集団訴訟の判決で、東京地裁が、「両親が結婚していないことを理由に日本国籍を認めない国籍法の規定は、法の下に平等を定めた憲法に違反する」として全員の日本国籍を認めました。

［住友電工の差別訴訟］

住友電工の女性社員二人が、同期同学歴の男性に比べて賃金や昇進で著しい差別を受けたとして、同社と国を相手取り差別賃金の支払いを求めた訴訟で、二〇〇四年一月、東京高裁で和解が成立しました。提訴から八年目のことでした。この根拠も憲法第十四条です。

［石川島播磨の差別訴訟］

造船・重機メーカーの大手、石川島播磨重工業の職場では日本共産党員や支持者に賃金差別・昇給差別をはじめ村八分ならぬ「職場八分」の差別をつづけてきました。これにたいして、二〇〇〇年三月、八人の原告が東京地裁に訴えを起こしました。そして和解が勧告され、二〇〇四年三月、石播は差別を謝罪し、和解しました。この中で、法やルールに従うことを盛り込んだガイドブックを全労働者に配布し徹底する、一九八五年にさかのぼり原告が昇給したものとして差額賃金一億七千万円を支払うことを約束しています。同様な和解は関西電力でも行われました。これらのたたかいは十四条のほか、十三条（個人の尊重）や十九条（思想の自由）も根拠にしています。

第二十四話　いま憲法があぶない

いま、日本国憲法を変えようという動きが急ピッチで進んでいます。昨年（二〇〇五年）十一月、自民党は結党五十周年を記念して、「新憲法草案」を発表しました。また、憲法を変えるための国民投票に関する法案を今国会に提案しようとしています。

国民の間に憲法を変えるという強い意見があるのでしょうか。そんなことは絶対ありません。各種の世論調査でも当面の政治課題として憲法改正が上位を占めたことは一度もありません。

それではなぜ、憲法を変えようという動きが強まっているのでしょうか。

その第一は、アメリカの強い要求です。以前第十話で述べたように、アメリカは早くも一九四八年には憲法を変える方針に転換しているのです。そしてマッカーサーの命令で今の自衛隊の前身である警察予備隊が作られました。その後も、アメリカは一貫して自衛隊の増強を求め、一九六〇年の新安保条約で条件付きながらアメリカが攻撃された場合日本が参戦することを義務付けました。

その後、一九九七年の新ガイドライン、一九九九年の周辺事態法で日本の戦争協力をさらに具体化し、二〇〇一年のテロ対策特別措置法でアメリカのアフガニスタン侵略戦争に自衛艦を出動させ、イラク戦争には二〇〇三年のイラク復興支援特別措置法で戦後初めて流血の戦場イラクに陸上自衛隊、航空自衛隊を派遣しました。もともと歴代の自民党政府は「自衛のため」と称して自衛隊を合憲と主張してきたわけですから、海外に派遣することは従来の政府の解釈からしても明らかに違憲です。アメリカにたいしては自衛隊の派遣で顔をたて、国民に対しては「戦闘行動はしない」と誤魔化したのです。

アメリカはさらに強く出て、実際に自衛隊がアメリカ軍と戦闘行動をすることを要求してきています。アメリカはイラク戦争ですでに二千数百人（二〇〇六年現在。最終的には四千人を超えた）が戦死していますが、そのため国民のブッシュ政権に対する批判が高まっています。アメリカは国民の批判を気にせず戦争ができるように、一つは無人爆撃機プレデターのような新兵器の開発で、もう一つは日本の自衛隊の戦争参加で、自国の兵士の死傷者をできるだけ減らしたいのです。すでに自衛隊の幹部クラスがアメリカ本土の基地で、アメリカ軍から市街地戦闘訓練をうけています。昨年（二〇〇五年）テレビ朝日でその模様が報じられましたが、指導したアメリカ兵が「近い将来、本当の戦場で諸君と一緒に戦えるのを楽しみにしている」と語っていました。

また、今問題になっている在日アメリカ軍の再編成で陸・海・空とも日米の共同司令部が作られることになっているのは、自衛隊がいつでも、世界のどこでもアメリカ軍と一緒になって戦闘に参加する体制が着々とつくられていることを示しています。このために、憲法九条の2項をなくさなければならない、それが政府にとって緊急の課題となってきているのです。第二に、衆参両院で憲法九条2項を変えようという議員が三分の二を超え、憲法改正の発議が可能になったということももちろんあります。

第二十五話　自民党の憲法草案①

現在の自由民主党は一九五五年十一月に民主党と自由党が保守合同を行って結成されました。この時「占領憲法を改めて自主憲法をつくる」と宣言しています。それをうけて昨年（二〇〇五年）十一月、自民党は結党五十年を期して新憲法草案なるものを発表したわけです。いわば自民党にとって現憲法を変えることは結党以来の宿願なのです。

憲法制定からわずか八年しかたっていない段階で、結党の宣言で憲法を変えることを宣言しているのですから、いま改憲勢力の言っている「現在の憲法は制定以来時間がたって古くなった」「時代の変化に合わない」などという理由付けがいかにとってつけたものであるかがわかります。「占領憲法」という表現に彼らの気持ちが端的に現れています。占領軍によって押しつけられた我慢のならない憲法というわけです。現憲法が決して押しつけではないことはすでに第六話から第九話で詳しく述べてきました。国民にとっては押しつけでなくても当時の支配勢力、政府にとっては確かに押しつけと感じられたのでしょう。ということは「押しつけ憲法」という人は、自分が戦前の支配勢力の継承者であることを端無くも表明しているわけです。

とにかく「今の憲法は何もかも気に入らない」というのが大多数の改憲論者の率直な気持ちです。だから石原慎太郎東京都知事のように憲法に対する侮蔑的表現を平気でするのです。（余談ですが、現憲法下の仕組みの中で彼は都知事になっているのですから、憲法の否定は自分の立場の否定にもつながります）

現憲法で狙われているのはいうまでもなく憲法九条です。だったらその「改正」案だけを考えればよさそうなものなのに、「新憲法草案」と称して全面的な改定案を出してくるのはなぜなのでしょうか。

一つは、これまで述べてきた「今の憲法は何もかも気に入らない」という気持ちのあらわれです。もう一つは、当面アメリカに強く求められて「戦争をする国にする」ために九条改変が急がれていますが、そのほかにも変えたいところがたくさんあるのです。

特に狙われているのは、憲法を権力を縛るものから国民を縛るものに変えたいということです。第二話から第五話でのべたように、憲法はなによりもまず国民の権利を定めたものとして生まれました。ということは政府に勝手気ままなことをさせないようにするということでした。現在の日本国憲法もその精神を受け継いでいます。ところが自民党の草案では「公益及び公共の秩序」というものを持ち出して、それによって国民の権利が制約されるようにしています。これによって戦争への国民の協力を義務付けることができるし、経済面では新自由主義（規制緩和・民営化）を推し進めることができます。また、九十六条の改憲手続きを変えて、国会議員の発議を今の三分の二から過半数に変え、今後改憲をやりやすくすることもねらっています。第三に、九条改変だけでは国民の支持が得にくいので、環境権とか知る権利だとかを持ち出し、いわば目くらまし戦術をとっているのです。しかし自民党案をみるとそれを本当に権利として保障するものにはなっていません。

第二十六話　自民党の憲法草案②

前回は自民党が九条の改変だけでなく、全面的な改変（「新憲法草案」と称して）を打ち出している狙いについて述べました。

今回は、そのような全面的な改変が現在の日本国憲法のもとで許されるのか、ということについて考えてみたいと思います。

日本国憲法も自らを絶対不変のものとは考えておらず、改正の手続きを第九十六条で定めています。それではこの条文にもとづいて、どんな風にも変えられるものかというと、決してそうではありません。憲法学者の佐藤功さんはその著書『日本国憲法概説』（学陽書房）のなかで、「日本国憲法の基本原理・生命的部分は、平和主義・国民主権主義・基本的人権の原理であるとすれば、これらの原理そのものを否定するような変更は、憲法改正としては行い得ないといわなければならない」と述べています。また一般論として、憲法が全面的な改正を認めているとすれば、それはその憲法自体が自分が廃棄されることを認めていることになり、いわばみずから自殺を承認することを意味し、絶対にありえません。

ですから、現在の日本国憲法を全面的に変えて新しい憲法をつくるという考えは、それ自体が現在の憲法に違反したものだといえます。

では、憲法が全面的に変えられるのはどういうときでしょうか。それはずばり、革命が起こったときです。革命が度々起こったという点で最も典型的なのはフランスです。フランス革命のとき、一七九一年に最初の憲法ができた後も革命の激しい変遷のなかで、一七九三年憲法、一七九五年憲法と憲法は全面的に変わりました。

その後、ナポレオンの帝政やブルボン王朝の復活などがあり、一八三〇年に七月革命が起こると新しい憲法がつくられ、一八四八年に二月革命が起こるとまた新しい憲法がつくられました。紙面の関係で省略しますが、フランスではその後も憲法は度々全面的に変わりました。それはいずれも革命的な変化をうけたものでした。

日本について考えてみると、明治憲法も明治維新という、幕藩体制が全面的に崩壊するという大きな変革をうけて作られたものです。

では日本国憲法はどうでしょうか。一九四五年八月十四日に日本がポツダム宣言を受諾して降伏したとき、日本は「日本国民の自由に表明する意思」に従い「日本国政府の最終の形態」すなわち憲法が決定されるべきものであるという連合国の要求も併せて受諾していました。このことはポツダム宣言受諾によって、国民に憲法制定権力すなわち主権が属するようになったことを意味します。つまり、天皇が全権力を持つ国家から国民主権の国家へと革命ともいえる変化が起こったことをうけて新しい憲法が生まれたのです。当時の政府は基本原理の変更はないと見せかけるために、手続き的には明治憲法の改正という形で新憲法の制定を行いました。つまり第七十三条「将来此ノ憲法ノ条項ヲ改正スルノ必要アルトキハ勅命ヲ以テ議案ヲ帝国議会ノ議ニ付スヘシ」との規定による「改正」の形式をとって成立しました。

教育勅語を礼賛したり、天皇元首制を主張したりする一部の保守勢力は別として、今国民が戦後の憲法の仕組みを根本的にひっくり返す、いわば革命を欲しているわけではありません。平和・健康で文化的な生活・人権など憲法の精神の実現をこそ望んでいるのではないでしょうか。そういうときに、憲法を全面的に改める提案をするというのはとんだお門違いといわなければなりません。

第二十七話　自民党の憲法草案③

まず自民党の憲法草案の前文を見てみましょう。

日本国民は、自らの意思と決意に基づき、主権者として、ここに新しい憲法を制定する。象徴天皇制は、これを維持する。また、国民主権と民主主義、自由主義と基本的人権の尊重及び平和主義と国際協調の基本原則は、不変の価値として継承する。

日本国民は、帰属する国や社会を愛情と責任感と気概をもって自ら支え守る責務を共有し、自由かつ公正で活力ある社会の発展と国民福祉の充実を図り、教育の振興と文化の創造及び地方自治の発展を重視する。

日本国民は、正義と秩序を基調とする国際平和を誠実に願い、他国とともにその実現のため、協力し合う。国際社会において、価値観の多様性を認めつつ、圧政や人権侵害を根絶させるため、不断の努力を行う。

日本国民は、自然との共生を信条に、自国のみならずかけがえのない地球の環境を守るため、力を尽くす。

次に日本国憲法の前文を見てみましょう。

日本国民は、正当に選挙された国会における代表者を通じて行動し、われらとわれらの子孫のために、諸国民との協和による成果と、わが国全土にわたって自由のもたらす恵沢を確保し、政府の行為によって再び戦争の惨禍が起ることのないやうにすることを決意し、ここに主権が国民に存することを宣言し、この憲法を確定する。そもそも国政は、国民の厳粛な信託によるものであって、その権威は国民に由来し、その権力は国民の代表者がこれを行使し、その福利は国民がこれを享受する。これは人類普遍の原理であり、この憲法は、かかる原理に基くものである。われらは、これに反する一切の憲法、法令及び詔勅を排除する。

日本国民は、恒久の平和を念願し、人間相互の関係を支配する崇高な理想を深く自覚するのであって、平和を愛する諸国民の公正と信義に信頼して、われらの安全と生存を保持しようと決意した。われらは、平和を維持し、専制と隷従、圧迫と偏狭を地上から永遠に除去しようと努めてゐる国際社会において、名誉ある地位を占めたいと思ふ。われらは、全世界の国民が、ひとしく恐怖と欠乏から免かれ、平和のうちに生存する権利を有することを確認する。

われらは、いづれの国家も、自国のことのみに専念して他国を無視してはならないのであって、政治道徳の法則は、普遍的なものであり、この法則に従ふことは、自国の主権を維持し、他国と対等関係に立たうとする各国の責務であると信ずる。

日本国民は、国家の名誉にかけ、全力をあげてこの崇高な理想と目的を達成することを誓ふ。

内容の分析に入る前に、この二つの文章を読んで、みなさんはどういう風に感じましたか。全体として、日本国憲法の前文には「これから新しい日本を作るんだ」という熱意が感ぜられます。また格調の高さを感じます。自民党案はまったくそっけなく、それらが全く感じられません。それは単に文章を書く能力の問題ではありません。

第二十八話　自民党の憲法草案④

前号で日本国憲法の前文と自民党案の前文を全文並べてみました。これからの平和な日本を作っていこうとする熱意、格調の高さ、という点で自民党案は日本国憲法の足下にも及びません。この違いはいったいどこから来るのでしょうか。

現在の日本には本当に問題が山積しています。少子化がどんどん進み、人口が減少し始めました。社会の格差がどんどん広がっています。食糧の自給率は40%を切り、農業の担い手の高齢化によって、ほっておいても農業はどんどん衰退に向かっています。若者の失業率は高く、非正規雇用が増大し、これからの日本を背負う若者の夢を奪っています。社会保障はどんどん切りつめられ、負担は増大しています。

しかし自民・公明の政府はこれらの問題の解決に全く取り組もうとせず、むしろ加速させています。そして国民が望んでもいないアメリカに協力して戦争をする国にしようとやっきになっています。このような状態のもとで、もっともらしい顔をして前文を書いてみたところで、おざなりの文章にしかならないのです。

日本国憲法が議会で審議されていたころ、戦争が終ったとはいえ、戦争で多くの人の命が失われ、経済はむしろ一層困難となり、多くの国民はその日の暮らしにも困るような状態でした。しかし、空襲で怯えることはなくなり、威張り散らした軍隊は姿を消し、米軍による言論統制はあったとはいえ、戦争中とくらべるとはるかに自由になった状態のもとで、新しい、平和で民主的な国家を作るんだという熱意をもって憲法の審議は行われていました。こういう中から、日本国憲法前文は生まれたのです。

しかし自民党特に安倍新首相などは、こうした当時の人々の努力、熱意を、「アメリカによって押しつけられた憲法だ。何の価値もない」と一刀両断に切り捨て、それにかえて、この、ろくでもない文章に取り換えようというのです。

以上で、前文全体の話はひとまず終わりにして、次に細かく見ていきましょう。

日本国憲法の前文のなかで特に大切な部分である「政府の行為によって再び戦争が起ることのないやうにすることを決意し」という部分は完全に削除されています。これは何を意味するのでしょうか。「政府の行為によって」あの悲惨な戦争が起こされたことをはっきり認め、そのようなことを二度としないことを国民とアジアの人々に約束したのです。これを削除するということは、こうした約束を反故にし、戦後における日本のスタートラインそのものを否定することを意味します。安倍首相は今年（二〇〇六年）二月の衆院予算委員会で（当時は官房長官）先の戦争が侵略戦争かと問われて、「どのように定義づけるかということは政府の仕事ではない。歴史家の判断に待つべきではないか」と逃げていますが、これもこのような削除と共通しています。前に述べたように憲法九十九条によって憲法尊重擁護の義務を負う公務員である安倍氏は前文のこの部分からしても、このような逃げは許されないのです。
また、これを削除するということは、将来、「政府の行為によって戦争が起こること」を想定していることもまた意味しています。つまり、後で述べる九条を変えることとも関連しているわけです。

第二十九話　自民党の憲法草案⑤

前文についてさらに見ていきましょう。
自民党案で削除されているのは次の部分です。

日本国民は、恒久の平和を念願し、人間相互の関係を支配する崇高な理想を深く自覚するのであつて、平和を愛する諸国民の公正と信義に信頼して、われらの安全と生存を保持しようと決意した。われらは、平和を維持し、専制と隷従、圧迫と偏狭を地上から永遠に除去しようと努めてゐる国際社会において名誉ある地位を占めたいと思う。われ

らは、全世界の国民が、ひとしく恐怖と欠乏から免かれ、平和のうちに生存する権利を有することを確認する。

これは平和的生存権といわれるものです。最初に述べたように、憲法は国民の権利を保障するものとして成立しました。その権利は最初は思想・言論・集会・結社の自由のような、自由権や参政権を意味していましたが、一九一九年にできたドイツのワイマール憲法ではじめて社会権がうたわれるようになりました。これが日本国憲法第二十五条の生存権です。日本国憲法はこれをさらに発展させ、人間が生存していくためには何より平和が欠かせないということで、この平和的生存権を高らかにうたったのです。

自民党案はこれを全面的に削除しています。その代わりに自民党案が新たに書き込んでいるのがつぎのような部分です。

日本国民は、①正義と秩序を基調とする国際平和を誠実に願い　②他国とともにその実現のため、協力し合う　③国際社会において、価値観の多様性を認めつつ　④圧政や人権侵害を根絶させるため、不断の努力を行なう

①は現在の憲法九条の言葉を使っています。ですから、いかにも、九条の精神を受けつつい

でいるように見せかけていますが、とんでもない話で、問題は②の部分です。（正義と秩序の）実現のため、「他国とともに、協力し合う」となっています。ブッシュ大統領がイラクを攻撃したのは「正義のため」ではなかったでしょうか。自民・公明の政府が一番重視しているのは同盟国アメリカです。ですから、「他国とともに、協力し合う」というのは、アメリカが行なうイラク戦争のような戦争に日本が協力することを意味しています。④の「圧制や人権侵害を根絶させる」というのはいいことのように見えますが、ブッシュ大統領はイラクを始め、イラン、キューバ、ミャンマー、北朝鮮などを圧制国家と呼び、それを終わらせるために影響力を行使すると言い続けていることと符合しています。

平和的生存権が消え、アメリカの求める秩序を押し付け、従わない国を力で打倒することがいかにももっともらしい言葉で述べられてます。そのことが気になったのでしょう、③で「価値観の多様性を認めつつ」などと弁解がましい言葉をつけていますが、それが④の行動を制約するとは思われません。

なお、安倍首相は自著『美しい国へ』で現在の前文の「専制と隷従、圧迫と偏狭を地上から永遠に除去しようと努めてゐる国際社会において名誉ある地位を占めたいと思う」の部分を「妙にいじましい、へりくだった文言」とけなしています。

第三十話　自民党の憲法草案⑥　九条2項削除の意味するもの

前回までは前文についてみてきました。今回から、条文について見ていきましょう。自民党の憲法草案の最大のねらいは、言うまでもなく憲法九条です。

参考までに、現在の九条を次に引用します。

第九条〔戦争の放棄、戦力及び交戦権の否認〕

①日本国民は、正義と秩序を基調とする国際平和を誠実に希求し、国権の発動たる戦争と、武力による威嚇又は武力の行使は、国際紛争を解決する手段としては、永久にこれを放棄する。

②前項の目的を達するため、陸海空軍その他の戦力は、これを保持しない。国の交戦権は、これを認めない。

現在の憲法は第九条だけで第二章とし、章の名前を「戦争の放棄」としていました。自民党案ではこれをやめてかわりに「安全保障」としています。そして第1項を残し、第2項を削除し、新たに「自衛軍」を保持することなどを追加しています。

第1項の「戦争の放棄」が残されているからいいのではないかとお思いの方もあるかもし

れません。しかしそうではありません。憲法は九条第1項の「戦争の放棄」、第2項の「戦力の不保持」「交戦権の否認」と、前文の「平和的生存権」の四つによって戦争ができない仕組みを作っています。自民党案はこのうち三つを削除しようというものです。「戦争の放棄」を残しても戦争が防げないのはなぜでしょうか。当初吉田茂首相自身が「自衛のためでも戦争はできない」と明言していましたし、憲法学者の殆んどは今でもそう考えています。しかし、政府の解釈によれば、「放棄されたのは国権の発動たる戦争と国際紛争を解決する手段としての戦争だから、自衛のための戦争は許される」というものです。そして「集団的自衛権の行使はできない」としていました。現在の九条2項を廃止し、自衛軍を保持することにすれば、「集団的自衛権の行使はできない」というような自分で課した枷《かせ》を取り払い、アメリカの要求に応じて堂々と海外で戦争ができるようになると改憲勢力は考えているのです。

安倍首相は一方で「現在の憲法のもとで集団的自衛権が行使できないかを検討する」とも言っていますが、憲法を変えるまで一定の時間がかかり、それまでアメリカが待ってくれないということでしょう。ここに改憲のねらいが集団的自衛権の行使であることがはっきりと出ています。

「「自衛軍」は何をするのか」

自民党案の九条2項では自衛軍の目的として①我が国の平和と独立並びに国及び国民の安

全を確保する②国際社会の平和と安全を確保するために国際的に協調して行なわれる活動③緊急事態における公の秩序を維持する、の三つをあげています。

②の意味は前文のところでも説明しましたが、「国際的に協調」とは「アメリカと協力して」ということで、アメリカと一緒に世界のあらゆるところで戦争をするという意味です。③はいざというときには国民に銃を向けるということです。例えば、アメリカと一緒に戦争をするという事態になり、それに反対するビラをまいたりしたら、「公の秩序を乱した」ということになりかねないのです。

第三十一話　自民党の憲法草案⑦

前回は自民党の憲法草案が第九条をどのように変えようとしているかを述べました。戦力の不保持、交戦権の否認を規定した日本国憲法第九条2項を削除し、新たに、「自衛軍を保持」することなどを加えています。それによって、アメリカの要求に応じて堂々と海外で戦争ができるようにするのが狙いです。

「でも、自分は自衛隊員ではないから、海外で戦争することもない」とお考えの方もいらっしゃるかもしれません。そうではありません。すべての国民の自由と人権、民主主義も犠牲になるのです。

自民党案の前文には「日本国民は、帰属する国や社会を愛情と責任感と気概をもって自ら支える責務を共有し」とあります。**戦争を始めた日本を愛情と責任感と気概をもって自ら支える責務が国民にあるというのです。**

今の自衛隊法でも、医療、土木建築工事、輸送の業種などで働く者に「従事命令」を発することを認めています。その業種はさらに拡大する恐れがあります。現代の兵器は徹底的にコンピュータ化されており、コンピュータの保守、修理をする高度な技術者が戦場に狩り出されることになりかねません。

実際に戦場に狩り出されなくても、国民を戦争に協力するよう強制する場面はさらに広がります。例えば、教科書は自衛軍が「国際社会の平和及び安全」のために「敵」を殺傷することはいいことだ、国民はこうした戦争に協力し、国を支える気概をもって生きなければならないと書かなければならなくなります。そうしなければ憲法に反するということで教科書検定に通らなくなります。また、教師もそのように教えることが強制されます。その先駆けが東京都における「日の丸・君が代の強制」です。

また戦争に反対するビラ配布に対する弾圧も更にエスカレートするでしょう。

国家機密法がまた出されてくる危険もあります。一九八五年に突如国会に上程された国家機密法は国民の強い反対によって廃案になりましたが、「国家機密を外国に通報した者は無期または三年以上の懲役」、そのために「わが国の安全を著しく害する危険を生ぜさせた」ときは「死刑または無期懲役」に処すという規定がありました。故意ではなく、たまたま機密をそれと知らずにもらした人でも処罰するというものでした。

日本が海外で戦争に参加しようとしていて、それをつかんで人々に知らせようとしたら、国家機密をもらしたことになるかもしれません。

最近、読売新聞が平成十七年五月に報じた中国潜水艦事故の記事をめぐり、一等空佐が読売新聞の記者に機密情報を漏らしたとして、陸上自衛隊警務隊が事情聴取していることが報道されました。これは直接的には中国の軍事情報ですが、それを自衛隊か米軍が察知する能力を持っていることが機密情報ということでしょう。

自由法曹団の団長である坂本修弁護士はその著書『憲法その真実』(学習の友社)の中で「現憲法と比べて、『新憲法草案』の条文を対比し、後者の危険性を語るだけでは不十分だと強く思います。(中略)いうならば改憲の波及効果として、『新憲法』のもとで可能になり、ゾロゾロとつくられてくるであろう諸悪法の危険を直視しないわけにいかない」と述べています。そしてその先駆けはすでにあちこちにあらわれているのです。

第三十二話　自民党の憲法草案⑧　軍事裁判所

これまで自民党が九条をどのように変えようとしているか、またその結果、国民の自由が幅広く制限される危険性があることを述べてきました。今回は、それに関連して自民党案に盛り込まれている軍事裁判所について考えます。

日本国憲法はその第七十六条2項で「特別裁判所は、これを設置することができない」としています。ところが自民党案はこの条文はそのまま残しながら、新たに3項を設け、「軍事に関する裁判を行なうため、法律の定めるところにより、下級裁判所として、軍事裁判所を設置する」という条文を入れています。

なぜ軍事裁判所というものが必要なのでしょうか。戦争というものは通常の刑法では殺人にあたることを任務として行います（埼玉県県知事は県庁職員の入庁式の式辞で「自衛官は人殺しの練習をしている」と述べて問題になりましたが）。そのために、戦争行為を犯罪とみなさない立場にたった裁判が必要になります。逆に、隊員が他国の人々を殺傷することを有無を言わさず強制し、それにそむいた場合には重罰を科す仕組みが必要です。また軍事裁判の対象となるのは隊員だけとは限らず、戦闘行為の障害となった民間人にも及ぶ可能性があります。

軍事裁判所には色々な作り方があるということですが、戦前の日本には軍法会議というものがありました。軍法会議には常設軍法会議と特設軍法会議があり、前者は師団ごとの軍法会議と高等軍法会議の二審制で弁護人も認められ、対象は軍人またはそれに準じるものに限られます。それに対して、特設軍法会議は戦時に特設されるもので、一審制で、弁護人も認められず、民間人（当時の言葉では常人）も対象になります。

一九三六年に起こった青年将校の反乱（二・二六事件）が鎮圧された後、緊急勅令で特設軍法会議である東京陸軍軍法会議が設けられ、この事件を裁きました。この事件は戦時ではないので本来は常設軍法会議で行うべきで、それを特設でやったのは北一輝、西田税という民間人を裁くことと、真相を覆い隠したままで短期間に裁判を終了させるためです。判決は十九名が死刑という厳しいもので、その後、何かと言うと「軍法会議にかけるぞ」というのが軍人や国民に対する脅し文句になったのです（二・二六事件の軍法会議については後で詳しく述べます）。

軍法会議はまた、軍人による民間人に対する犯罪について真相を隠し、軍人に甘い判決を出すためにも使われました。有名なのは、一九二三年の関東大震災の際、甘粕憲兵大尉らが無政府主義者大杉栄、伊藤野枝夫妻と大杉の甥でまだ七歳の少年を殺害した事件を裁いた軍法会議です。この軍法会議は、甘粕大尉は懲役十年、森曹長は三年、他三人の上等兵は「上官の命令でやったのだから」と無罪という判決を出し、しかも甘粕大尉はわずか二年十ヵ月で仮出所、軍の費用でフランスに出国、帰国後中国にわたって「満州国建国」のための謀略工作に暗躍しているのです。

軍事裁判所について自民党は一九五四年「改正要綱」では設置を提案していましたが、その後七三年の「改正要綱」ではまったくふれなくなり、八二年の「中間報告」では「意見の一致をみなかった」としていました。それが今回の草案では軍事裁判所を明記しているのです。このことは、自民党が本気で戦争をする国をつくろうとしていることを雄弁に語っています。

第三十三話　改憲手続法案について

これまで自民党の憲法草案について八回にわたって述べてきました。これはまだ終わってはいないのですが、改憲のための手続き法案が風雲急を告げていますので、今回は特別にこの法案について取り上げます。

自民、公明党は今国会（二〇〇七年）で何としても改憲手続き法案を成立させようと、異例のスピードで審議を強行し、審議はいま参議院に移っています。自民、公明としては、衆議院では本当は民主党を巻き込んで共同で法案を作り、本番の憲法改定の発議のいわば予行演習をするつもりでした。しかし、国民の間にある批判的な動向を反映して民主党がこれに乗らず、この企みは失敗しました。

［有権者の五分の一で改憲が］

この法案には様々な問題点があります。その第一は最低投票率の規定がないことです。たとえば一九九五年の参院選投票率は44・5％でした。もしこれと同じ投票率として、無効票5・5％を除くと、有権者の20％以下の賛成で憲法が変えられてしまうことになります。地方公聴会では与党が推薦した公述人の中からも、国民投票が有効になるための最低投票率を設けるべきだという意見が出されています。

［公務員、教員の運動を禁止］

この法案の第二の問題点は、五百万人にのぼる教育者、公務員の活動を禁止していることです。憲法についての議論は国民すべての自由な態度表明が保障されるべきです。このままでは、大学で憲法を教えている先生さえその見解表明が禁止されるわけです。現在、選挙に際して公務員や教員の地位利用が禁止されています。それ自体にも問題がありますが、百歩譲ったとしても、党派間の争いである選挙と憲法を変えるかどうかはまた別の問題です。すべての国民に意見を自由に表明する権利が認められるべきです。地位利用が問題と言うなら、大会社の社長がその地位を利用することだって大いにありえますが、それは禁止されていません。

［有料意見広告が野放し］

この法案の第三の問題点は、有料の意見広告が全く自由に行えることです。改憲を積極的に推進する財界はふんだんにお金を提供し、改憲賛成の広告をテレビ・新聞で洪水のように流すでしょう。また改憲賛成の政党も、国民の税金から支給される政党助成金を使ってこれまた大宣伝ができます。有料意見広告はきちんと規制しなければ平等とはいえません。

［答弁不能の提案者］

国会の審議のなかで以上の問題点を追及されて、提案している自民党、公明党の担当者はしどろもどろで、まともな答弁ができません。最低投票率をきめないのは、憲法改正手続きを定めた憲法九十六条に最低投票率の規定が無いためで、最低投票率を決めると憲法違反になるなどといっています。そのくせ、九十六条にない「両院協議会」を盛り込んでいるのです。地方公聴会でも、この法案は慎重に審議すべきだという意見が、与党が推薦した公述人からも多く出されており、世論調査でも急ぐべきでないという意見が多数を占めています。

第三十四話　自民党の憲法草案⑨　二・二六事件のこと

前回は飛び入りで「改憲手続き法案について」述べました。今回は、前々回で述べた軍事裁判所に関連して、二・二六事件について述べたいと思います。

二・二六事件は近代日本における最大のクーデター事件であり、軍事裁判所の一種である特設軍法会議で裁かれました。その狙いはすでに述べましたが、今回は二・二六事件そのものについて述べておきたいと思います。

この事件は青年将校が昭和維新を呼号し、一般の兵士を動かして、一九三六（昭和十一）年二月二十六日、首相官邸その他を襲撃、占拠し、多くの要人を暗殺したものです。暗殺されたのは斉藤実内大臣、高橋是清蔵相、渡辺錠太郎教育総監で、重傷を負ったのが鈴木貫太郎侍従長です。その他、岡田首相と間違えられて殺害された首相の義弟をはじめ、警備の警官も殺されました。

当時、陸軍内部では統制派と皇道派という派閥争いが激しく行われていました。その中で、一九三五（昭和十）年八月、陸軍省の軍務局長室に皇道派の相沢中佐が乗り込んできて、統制派の中心人物である永田鉄山少将を切りつけ惨殺するという事件が起こりました。相沢は常設軍法会議で裁かれ、公開で、弁護人もつけられ（余談ですが、この時の弁護人の一人が、茂原市上太田出身の法学博士鵜沢総明で、彼は後に極東軍事裁判の弁護人にもなりました）、裁判を利用して自分たちの主張をアピールすることができました。二・二六事件は皇道派の影響を受けた青年将校が起こしたものでした。一方、要人の暗殺によって政治を変革しようとする動きが、軍人や右翼民間人の間で強まり、一九三二（昭和七）年二月には若槻内閣の大蔵大臣をした井上準之助が、三月には三井合名会社の團琢磨理事長が暗殺されました。これらの事件は一人一殺主義を唱える井上一召によって引き起こされたものでした。

同じ井上一召が計画し、軍人や民間人が犬養首相を暗殺したのが、同じ年の五・一五事件です。二・二六事件はこの二つの流れの中で起こりました。

当時、皇道派の中心にいたのは荒木貞夫、真崎甚三郎などで、青年将校は彼らに心酔し、真崎を首班とする暫定内閣をつくり、国家改造につきすすむことを狙ったのです。戒厳司令官となった香椎司令官も、本庄繁侍従武官長も皇道派で、事件を起こした青年将校に有利な事態の解決をはかろうとしました。しかし、天皇は自分の側近の人々が殺害されたことを強く怒り、反乱の鎮圧を命じたため、このような目論見は崩れ、事件は尻すぼまりに終結しました。相沢事件で懲りた軍部は戦時でもないのに特設の軍法会議にし、弁護人もつけず、一審制、非公開で、民間人も裁けるようにし、北一輝と西田税を首謀者に仕立て、軍の派閥争いが真の原因であることを隠したのです。

重要なことは、この事件を契機に、軍部の発言権が強まり、その挙句に、翌一九三七年には日中戦争に、一九四一年には太平洋戦争に突入し、日本を破滅に追い込んだのです。

第三十五話　自民党の憲法草案⑩　国民を縛る憲法への変身

九条の改変と並んで、自民党の憲法草案の大きな問題は、憲法そのものを国家権力を縛る法から国民を縛る法へと根本的に変身させていることです。

憲法がその誕生、発展の世界的な歴史から見て、何よりも、国民の権利を定めたもの、言い換えれば、国家権力が国民の権利を侵すことを縛るものであることは、最初のほうで詳しく述べました。日本国憲法もこのような世界の憲法の発展を踏まえ、それを発展させるものとして、当然「国家権力を縛る法」として存在しています。

それに対して、明治憲法は「臣民の権利」を認めたといっても、例えば、「日本臣民ハ法律ノ範囲内ニ於テ言論著作印行集会及結社ノ自由ヲ有ス」（第二十九条）のように「法律ニ依ルニ非ズシテ」とか「法律ニ定メタル場合ヲ除ク外」「法律ノ範囲内ニ於テ」などの留保がつけられ、法律によりさえすれば、いくらでも制限できるものでした。実際、思想・言論の自由は、国防保安法、軍機保護法、言論集会結社等臨時取締法などによって、ほとんどゼロに等しい程度に圧迫されていたのです。そして、権利・自由を法律で制限できるのは「公益上の必要」がある場合に限るとされていました。

そして、国民の権利を制限するために使われた「公益」という言葉が今度の自民党憲法草案に登場するのです。

自民党憲法草案は日本国憲法の第十二条「この憲法が国民に保障する自由及び権利は、国民の不断の努力によって、これを保持しなければならない。又、国民は、これを濫用してはならないのであって、常に公共の福祉のためにこれを利用する責任を負ふ」を「(前略)国民は、これを濫用してはならないのであって、自由及び権利には責任及び義務が伴うことを自覚しつつ、常に公益及び公の秩序に反しないように自由を享受し、権利を行使する責務を負う」と変えています。同様に第十三条「すべて国民は、個人として尊重される。生命、自由及び幸福追求に対する国民の権利については、公共の福祉に反しない限り、立法その他の国政の上で、最大の尊重を必要とする」の「公共の福祉」の部分を「公益及び公の秩序」に変えています。

皆さんのなかには、どちらも「公」(おおやけ)という字がついているから似たようなものではないかと思われる方もあるかもしれません。自民党もそういうふうに国民が考えてくれることを期待しているに違いありません。ところが、「公共の福祉」と「公益及び公の秩序」には天と地ほどの違いがあるのです。

［公共の福祉とは］

このことを理解するには、「公共の福祉」について知る必要があります。人間の生活は本質的に社会的生活です。ひとりで暮らしている人はいません。お互いに助け合わなければ生きていけない以上、自分の権利を主張すると同時に、他人の権利も尊重しなければなりません。これが「公共の福祉」のひとつの側面です。もうひとつは、「公共の福祉」は社会的共同生活の利益を意味します。例えば、社会全体のためにある施設が必要になり、ある個人の土地に対する私有財産権が制限を受けるということもありえます。ただ、ある施設が、本当に公共の福祉に役立つものかどうか、個人の権利の制限が正当化されるものかどうかはあくまで、個々に、具体的に判断されるべきであって、「公共の福祉」の名の下に個人の権利が無条件に制限されるというものではありません。また、こうした制限が加えられる権利は、主として私有財産権とか経済活動の自由などで、思想・良心・信仰・学問の自由などは公共の福祉の名の下に制限することはできません。また言論・出版・集会・結社などの自由に対する制限はその自由を認めることが著しく反道徳的、反社会的な結果を生じる場合に、その防止に必要な最小限度において認められるべきです。このような日本国憲法の権利と公共の福祉の関係についての解釈はほぼ定着しています。これを覆し、国家権力による国民の権利の制約を進めるために「公益及び公の秩序」という言葉が登場したのです。

第三十六話　自民党の憲法草案⑪　「公益及び公の秩序」とは

前回は、自民党の憲法草案が憲法第十二条に「自由及び権利には責任及び義務が伴うことを自覚しつつ、常に**公益及び公の秩序**に反しないように自由を享受し、権利を行使する責務を負う」という文言を入れたり、第十三条の「生命、自由及び幸福追求に対する国民の権利については、公共の福祉に反しない限り、立法その他の国政の上で、最大の尊重を必要とする」の**「公共の福祉」**を**「公益及び公の秩序」**に変えていることの意味について述べようとしたのですが、紙数が足りず、中途半端に終わってしまいました。

前回は「公共の福祉」の意味を述べ、それが自由を制限するものとしては現在の憲法解釈では使われていないことを指摘しました。

自民党草案では解釈が定着している「公共の福祉」という言葉をやめ、かわりに「公益及び公の秩序」という言葉を持ってきたのです。この「公益上の必要」という言葉が明治憲法で認められていた臣民の権利を制限し、殆ど事実上無にするために使われていたことも前回で述べました。「公益」つまり「公の利益」とは「国家＝政府の利益」ということです。政府が「これが利益だ」と考えたことなら、それを理由に自由や権利を制限できるということです。また「公の秩序」というのも、時の権力者を頂点とする上下の階層を整然と保つことですから、これに反抗したり、批判したりする自由や権利は戦前のように、徹底して抑えこまれてしまうでしょう。今の自民党政治のもとでは最高の「公益」は日米同盟です。そのもとで戦争に参加する体制が「公の秩序」ということになります。

〔国民を縛る憲法へ〕

自民党の草案では、前文で「日本国民は、帰属する国や社会を愛情と責任感と気概をもって自ら支え守る責務を共有し」と書かれています。これを審議した自民党の新憲法起草委員会では、「愛国心」や「国防の責務」を盛り込むことが議論になっていました。草案には国民の批判を恐れてか、ストレートな表現はありませんが、言葉を使っていないだけで、「日本国民は、帰属する国や社会を愛情と責任感と気概をもって自ら支え守る責務を共有し」とは「愛国心」「国防の責務」を説明しているにすぎません。いずれにしても、ここでも国民は「責務」を課せられているのです。

現在の日本国憲法は、世界的な憲法の発展の歴史をふまえて、何よりも、国民には権利を保障し、それだけ国家が国民の権利を制限しないように国家権力を制限しています。そして国家機関のメンバーには、九十九条で、「天皇又は摂政及び国務大臣、国会議員、裁判官その他の公務員は、この憲法を尊重し擁護する義務を負う」と定め、権力をもっている人々に国民の権利を守ることを求めているのです。(国民一般に憲法尊重擁護義務を課しているわけではありません。日本国憲法に出てくる国民の「義務」の意味については、第四話で説明しました。勤労の義務というのは単に道徳的に「働くのが望ましい」と言っているに過ぎず、教育の義務というのは親が子どもに負っているもので、国家に対して負っているのではなく、納税の義務というのは、「法律の定めるところにより」というところに力点があり、法によらない課税には納税の義務はないということを言っているに過ぎません)。

これに対して、自民党の憲法草案は、前文で国民に国を愛し、守る責務を課し、「公益及び公共の秩序」の名の下に、国民の権利を制限する、言い換えれば、国民をそれだけ縛るものに変えようとしているのです。

第三十七話　参議院選挙後の政治情勢と憲法問題

これまで、自民党の憲法草案について考えてきましたが、これを一回お休みして、参議院選挙後の情勢と憲法問題について今回は考えてみたいと思います。

任期中の改憲を声高に唱えていた安倍首相のもとで戦われた参議院選挙(二〇〇七年七月)は自民・公明の歴史的大敗に終わりました。

これには、単に事務所費問題や年金問題だけでなく、小泉内閣以来の構造改革路線に対する国民の不満の高まりと安倍内閣の改憲強硬路線(教育基本法の改悪、改憲手続き法案の強行採決、現憲法のもとでも集団的自衛権を認めようとする新たな解釈改憲)に対する国民の強い不安があったことは多くの人が指摘している通りです。そして、その根底にはいまや七千を超えた全国の九条の会の活動があることは読売新聞の世論調査の変化などでも明らかです。私たちはこれまでの活動に確信をもち、さらに活動を強めていかなければならないと思います。

改憲勢力のめざす国家は安倍前首相の言う「美しい国」つまり戦前の国家です。従って彼らは戦前・戦中を極力美化しようとします。それが、沖縄戦での「集団自決」に軍の関与がなかったように教科書を書き換えさせた文科省の教科書検定です。これに対して沖縄県民は十一万人が結集した集会で反撃し、これも政府が一定の対応をとらざるをえない状況に追い込んでいます。

でも楽観はできない。

このような国民の批判によって、改憲勢力が大きな打撃を受けたことは明らかです。しかし、「これで取りあえずは一安心」とのんびりするのは早すぎます。

安倍内閣は参院選後ただちに国会に改憲手続法に定められた憲法審査会を発足させる予定でしたが、これは当面実現が難しくなっています。しかし、三年後にはこの手続き法が発効することになり、改憲が具体的日程に上る危険性は依然として大と言わなければなりません。

今回の選挙結果からうかがえる国民の動向は、勝利した民主党にも影響を与えていると思われます。つまり、改憲にやや慎重になる傾向も生まれていることです。共同通信の調査によると、今回当選した民主党議員の68・5%が九条改憲に反対だということです。しかし、民主党の党としての見解は「九条を変える」ことであり、国連決議さえあれば、自衛隊の海外派兵もできるというものであることは最近の小沢代表の発言でも明らかです。また、民主党のなかには、前述の沖縄戦の教科書検定を擁護したり、南京事件は存在しなかったと国会で強硬に主張するグループもかなりの勢力であることも忘れてはなりません。依然として改憲を発議するのに必要な三分の二以上の国会議員という要件は満たされているのです。

憲法問題についての福田内閣の態度をどうみるかということも大切です。福田首相は一見ソフトムードで安倍首相に向けられた批判を受け流そうとしています。しかし、忘れてはならないのは、福田さんは自民党の憲法草案をつくるさい重要な役割を果たしているということです。憲法草案を作成するにあたって分野ごとに小委員会が設けられて検討をすすめたわけですが、福田さんは自民党の憲法改定の中心である「九条」の責任者であったのです。福田首相になったから自民党の改憲の動きが弱まるということは絶対にありえません。

第三十八話　自民党の憲法草案⑫　信教の自由について㈠

日本国憲法は、信教の自由について、次のように保障しています。

第二十条　信教の自由は、何人に対してもこれを保障する。いかなる宗教団体も、国から特権を受け、又は政治上の権力を行使してはならない。

②何人も、宗教上の行為、祝典、儀式又は行事に参加することを強制されない。
③国及びその機関は、宗教教育その他いかなる宗教的活動もしてはならない。

なお、これを財政面から裏付ける次のような条項もあります。

第八十九条　公金その他の公の財産は、宗教上の組織若しくは団体の使用、便益若しくは維持のため（中略）これを支出し、又はその利用に供してはならない。

信教の自由を保障した憲法の条文としては、日本国憲法の条文はきわめて詳細なものとなっています。それだけ、戦前の日本において信教の自由が踏みにじられ、国家神道の強制がひどかったということを物語っています。

これを自民党の憲法草案はどのように変えようとしているのでしょうか。第1項、第2項はほぼ同じですが、第3項を次のように大きく変えています。八十九条もこれに連動するように変えています。

③国及び公共団体は、社会的儀礼又は習俗的行為の範囲を超える宗教教育その他の宗教的活動であって、宗教的意義を有し、特定の宗教に対する援助、助長若しくは促進又は圧迫若しくは干渉となるようなものを行ってはならない。

この文はいかにも最後の「行ってはならない」が中心にあるように見えるが実はそうではなく、「社会的儀礼又は習俗的行為の範囲」を超えないことなら「やってよい」というのが狙いです。それによって首相などの靖国神社参拝を「社会的儀礼又は習俗的行為」として、憲法違反という批判を受けることなく堂々とやれるようにしようということです。

この文を考え出した人の頭にあったのは恐らく「津市地鎮祭事件判決」だと思われます。これは三重県津市が市の体育館の起工に当たり、神道固有の儀式による地鎮祭を行い、それに要する費用として市の公金を支出したのに対し、一九六五年に住民が、この行為が憲法第二十条・第八十九条に違反するとして訴えた事件です。これに対し、一審は地鎮祭は宗教的行事というよりも習俗たる性格を持つとして違憲ではないとし、二審の名古屋高裁は違憲とし、**一九七七年**、最高裁は合憲としたのです。ここで**習俗的**という言葉が出てきます。

三十年前の判決を根拠にするというのは、その後の判決の変化を全く無視するものです。

政治と宗教の分離をめぐる判決はその後大きく変わってきています。岩手靖国違憲訴訟の仙台高裁判決（一九九一年）は①靖国神社は明確な宗教団体であり、②参拝は靖国神社の祭神への礼拝という宗教行事である、③天皇や首相の「公式参拝」が実現すれば、それは憲法二十条3項が禁止する宗教活動に該当する違憲な行為である、というものでした。また愛媛県の靖国神社などへの玉串料等の公金支出についての最高裁判決（一九九七年）は①靖国神社は憲法上の宗教団体であること、②一連の祭は神道の祭式にのっとった祭祀であることを認定し、③二十二回にわたって十六万円余の玉串料などを公金支出したのは、憲法二十条3項が禁止する「宗教活動」にあたり、また八十九条が禁止する宗教団体への公金支出にあたる、としたのです。この他にも、小泉首相の靖国神社参拝を違憲とした福岡地裁判決（二〇〇四年）、大阪高裁判決（二〇〇五年）などがあり、最近の判決は信教の自由、言い換えれば政治と宗教の分離について以前より厳しい判決が出されるようになっています。このような判決の変化を無視して、三十年前の判決を拠りどころにしようというのが、自民党の憲法草案なのです。

第三十九話　自民党の憲法草案⑬　信教の自由について㈡

日本国憲法第二十条が信仰の自由について詳しく規定している背景には、戦前の日本において信教の自由が踏みにじられ、国家神道の強制がひどかったということがありました。今回は戦前の状態について考えてみたいと思います。

明治憲法はさまざまな自由を規定していますが、たとえば第二十九条では「日本臣民ハ法律ノ範囲内ニ於テ言論著作印行集会及結社ノ自由ヲ有ス」というように法律ノ範囲内ニ於テという条件をつけていて、法律によって制限され、ほとんど実際には認められていません。信仰の自由については、第二十八条で「日本臣民ハ安寧秩序ヲ妨ケス及臣民タルノ義務ニ背カサル限ニ於テ信教ノ自由ヲ有ス」とあります。「法律ノ範囲内ニ於テ」という条件はありませんが、代わりに「安寧秩序ヲ妨ケス及臣民タルノ義務ニ背カサル限ニ於テ」という実に曖昧な条件をつけていて、特別に法律によらなくても制限されるようになっています。

実際には戦前の日本では国家神道というものが大きな力を持ち、それに反する宗教は徹底的に弾圧されました。神道というものは日本独自の宗教と言われていますが、実際にはさまざまな神道があり、国家神道というのはいわば明治になって作られたものです。

国家神道とは、天照大神（皇祖神）が最高神で、それゆえその子孫である天皇が「第一条 大日本帝国ハ万世一系ノ天皇之ヲ統治ス」ということになります。この国家神道に反する（安寧秩序ヲ妨ケス及臣民タルノ義務ニ背ク）ものとして弾圧された例は枚挙にいとまがありません。

早い例としては一八九一（明治二十四）年に内村鑑三が教育勅語の奉読式で最敬礼しなかった（敬礼はしたのですが）として非難され、第一高等中学校を辞職しなければなりませんでした（教育勅語はいわば国家神道の経典です）。その後、大正デモクラシーの時期には多少自由がありましたが、軍国主義の強まりとともに再び弾圧が強まります。一九三二（昭和七）年四月二十六日の靖国神社臨時大祭（満州事変・上海事変の戦死者を合祀する）の際、カトリック系の学校の一部の生徒が軍事教官の命令を拒否して礼拝を拒否したことがマスコミで徹底的にたたかれ（戦前マスコミは軍国主義のお先棒担ぎだったのです）、これを機にキリスト教団体に対する弾圧が強化されました。

弾圧はキリスト教に対してだけではありません。教派神道でも国家神道の教義と異なった教義を唱える宗派に対しては徹底的な弾圧が加えられました。最も激しかったのが一九三五（昭和十）年の大本教の弾圧です。京都府の綾部と亀岡にあった大本教の施設はまったく痕跡をとどめないまでに破壊されました。綾部の鶴山にあった六十余棟の建物は全部破壊され、柱や梁は短く切断され、礎石は掘り起こして日本海に捨てられました。亀岡にあった石造建築の月宮殿はダイナマイトで破壊されました。教団の所有地は教団幹部が逮捕拘留中に全部警察の手で売却されました。教祖の墓も暴かれ、共同墓地のすみに、「人に踏まれるようなところでないと成仏できん」と遺骸の頭を道端に向けて埋葬しなおされました。これらのことはすべて判決が出ないうちに行われました。裁判の結果は戦時中の裁判であったにもかかわらず、控訴審・大審院で治安維持法違反は無罪が確定し、不敬罪だけが有罪となっただけでした。しかし、政府の弾圧の目的はすでに判決確定以前の空前の破壊行為によって完全に達成されていました。

大本教では、本来地上界の主宰神はスサノオノミコトであって天照大神は天上界の主宰神であったがスサノオが冥界に追われ、地上界の主宰者として天照大神の子孫が君臨したことによって地上が堕落することになったとしています。これは日本書紀や古事記にある神話伝承の解釈としてその正統性は国家神道よりもむしろ高いともいわれています。

思想弾圧法規として悪名高い治安維持法は一九四一（昭和十六）年改正され「国体の否定、神宮もしくは皇室の尊厳の冒涜」の罪が加えられました。これを適用して一九四三（昭和十八）年に行われたのが創価教育学会（現在の創価学会）に対する弾圧です。創唱者の牧口恒三郎は獄中で亡くなりました。

第四十話　自民党の憲法草案⑭　信教の自由について㈢

今回は信教の自由について世界史的な観点で見てみたいと思います。

中世の西ヨーロッパではキリスト教徒（カトリック）が大多数でした。そのなかで異教徒であるユダヤ教徒に対する差別、迫害が時々起こりました。十六世紀に入って宗教改革が起こると、カトリックとプロテスタントの間でしばしば宗教戦争が起こり、多くの残酷な虐殺が起こりました。例えば、フランスではユグノー戦争（一五六二〜九八年）という宗教戦争があり、ドイツで起こった三十年戦争（一六一八〜四八年）は「歴史が一世紀後退した」と言われるほどの激しい殺戮が行われました。またイギリスではピューリタンと言われた新教徒に対する弾圧から、ついに王権が打倒されるピューリタン革命（一六四二〜四九年）という事件も起こりました。なお、日本でも徳川幕府による厳しいキリスト教禁圧が行われました。

これに対して信仰の自由、政教分離を求める動きは市民革命の中から生まれました。例えばアメリカでは独立戦争の最中に出されたヴァージニア権利宣言のなかで「自由に宗教を信仰する平等の権利を有する」とうたわれ、さらに一七八六年のヴァージニア宗教自由令で次のように規定されています。

何人に対しても、宗教的礼拝に参列し、宗教的特定場所を訪れ、また聖職に経済的支援を与えることを、強制してはならない。何人に対しても、その宗教上の見解または信仰のゆえをもって、強制、制限、妨害を加え、または身体もしくは財産に負担を課し、その他一切の困苦を与えてはならない。すべての人は、宗教についての各自の見解を表明し、それを弁護支持する自由を有する。そして宗教についての各自の見解のいかんを理由として、各自の市民的および法的な資格に変更を加えてはならない。

イギリスではカトリックを強制しようとした国王を追放し、新しい王を迎えた一六八八年の名誉革命の際、信教自由令というものが出されましたが、後には逆にカトリックが差別されるようになり、一八二九年のカトリック教徒解放法によって、ようやく宗教的差別が撤廃されました。

第四十一話　自民党の憲法草案⑮　改正要件の緩和をねらう

日本国憲法では改正手続きを次のように定めています。

第九十六条〔改正の手続、その公布〕

①この憲法の改正は、各議院の総議員の三分の二以上の賛成で、国会が、これを発議し、国民に提案してその承認を経なければならない。この承認には、特別の国民投票又は国会の定める選挙の際行はれる投票において、その過半数の賛成を必要とする。

それに対して、自民党の憲法草案（二〇〇五年）では次のようになっています。

第九十六条　この憲法の改正は、衆議院又は参議院の議員の発議に基づき、各議院の総議員の過半数の賛成で国会が議決し、国民に提案してその承認を得なければならない。
この承認には、特別の国民投票において、その過半数の賛成を必要とする。

自民党の草案は日本国憲法とどこが違うのでしょうか。

第一に、日本国憲法で「各議院の総議員の三分の二以上の賛成で国会が発議する」となっているのに対して、自民党の草案では発議そのものは衆議院又は参議院のどちらかだけでできるようになっています。たとえば衆議院でまず改正案を発議し、それについて参議院での賛否を問い、過半数で決議すれば、それを国民投票にかけるということです。両院がそれぞれ決議するよりやりやすくなります。

第二に、発議を決議するさいに日本国憲法で必要とされている「三分の二以上の賛成」という要件を「過半数」に変えていることです。

この二つによって改憲のための手続き上のハードルを二重に低くしています。

二〇〇五年一月に日本経団連が改憲方針を明確にした提言の中で、「当面、最も求められる改正は、現実との乖離が大きい第九条2項（戦力の不保持）ならびに、今後の適切な改正のために必要な第九十六条（憲法改正要件）の二点と考える」と述べています。

つまり、九条と並んで改正要件を最も重要視しているわけです。これを変えておけば、今後必要な改定はいくらでもできるということです。

安倍内閣のもとで強引に成立させられた手続法でも国民投票による「過半数」という承認

条件を一番低い「有効投票の過半数」としています。あらゆるやり方で改憲のハードルを低くしようとしているのです。

第四十二話　「権力を縛る」という意味について

第三十五話で自民党の憲法草案が憲法を国家権力を縛る法から国民を縛る法へと根本的に変えようとしているということを述べました。この「国家権力を縛る」ということの意味についてもう少し考えてみたいと思います。

王様がいて権力を持っているときは「権力を縛る憲法」というのはわかりやすいのですが、民主主義の今日、「権力を縛る」というのはどういう意味になるのでしょうか。民主主義の今日、国民の多数の支持を得たものが権力を握るわけですから、憲法は国民の多数派を縛ることになるわけです。

民主主義のもとでは国民の多数が支持したものが法律になるわけです。多数が支持しているから正しいというのが民主主義です。しかし、実際には多数が支持したからと言って必ずしも正しいとは限りません。例えば、ヒトラーはナチスが第一党（過半数ではありませんが）になって権力を掌握したわけですし、その政策が一時的にせよ失業を解消したことよって、国民の支持をうけたわけです。

ブッシュ大統領が始めたイラク戦争も９・１１同時多発テロで激昂し、「イラクには大量破壊兵器がある、フセインはアルカイダとつながっている」という政府が流した情報の影響を受けて、多くの国民が支持して始まったのです。民主主義の時代ではありませんが、戦前関東軍が暴走して始まった満州事変にしても、国民やマスコミの支持があったということも見逃せません。

近くは、内閣支持率が低迷し、自民党の中でも郵政民営化に異論が続出するなかで郵政民営化を唯一の争点にして衆議院を解散し、総選挙に打って出た小泉首相のもとで自民党が圧勝するということも起こりました。その小泉内閣の構造改革路線の影響がもろに出て、安倍、福田の二代続く政権投げ出しという異常事態が起こりました。

このように、国民多数の判断が必ずしもいつも正しいわけではありません。もちろん、だからといって、何が正しいかわからないといって何も決めないでいることはできません。とりあえずは多数決で決めておかなければいけないことはたくさんあります。しかし、多数決であっても何でも決めていいわけではありません。

そこで登場するのが憲法です。憲法が保障する自由や人権は、例え多数決であっても侵すことはできません。そういう意味で、憲法は民主主義の時代にあっても、やはり、権力を縛る役割を果たしているのです。言い換えれば、変な言い方ですが、憲法が民主主義を縛っているのです。

言い換えれば、憲法は多数派の決定に対して少数派を守る役割をしているともいえます。

私たちは実は知らず知らずのうちに多数派の立場になっていることが多いといえます。例えば、在日韓国・朝鮮人に対して日本国籍を有するものは多数派です。身心に障害をもっている人に対して健常者は多数派です。健康な人間は病人に対しては多数派です。七十五歳以上の人に対して七十五歳未満の人は多数派です。このような多数派が自分たちの考えが正しいと少数派に押しつけていくとき、憲法が意味を持ってくるのではないでしょうか。

第四十三話　戦争について①

憲法九条は、悲惨な戦争を体験して、「もう戦争はこりごりだ」という国民の気持ちをもとに生まれました。しかし、戦争が終わってもうすぐ六十四年（二〇〇九年現在）がたとうとしている今、戦争を経験した人はどんどん減っています。一九四五年に五歳以上だった人は約20％、つまり、五人に一人しかいません（二〇一三年の調査では七十五歳以上の人は12・3％）。これは、ある意味では喜ばしいことです。憲法九条のおかげで日本が六十年以上にわたって戦争をしてこなかったからなのですから。しかし、一方で、戦争の体験者が少なくなっているのをいいことに、戦争への動きがここにきて加速されています。

「戦争体験は継承できるものなのか」ということはこれまで、しばしば議論されてきました。確かに、全面的に受け継ぐことは難しいでしょう。しかし、戦争のというものを考えていくことはできるはずです。これから、しばらく、憲法九条の対極にある戦争というものについて、いろいろな角度から考えてみたいと思います。

＊　＊　＊

人間には闘争心のようなものが生まれついて存在しているのでしょうか。先ほど行われたWBCに際しては、ここのところ落ち目の野球に久しぶりに人びとが注目し、テレビ中継に熱中しました。野球のルールも知らない人も夢中になったようです。ただ、スポーツは実際に人の命を奪うわけではなく、またルールに基づいて戦われるところが戦争と違うところです。

核開発や長距離ミサイルの開発などで北東アジアに緊張をもたらしている北朝鮮に対して、国民の敵愾心《てきがいしん》をあおり、「日本も核開発を」とか「やられる前にやってしまえ」（先制攻撃論）とかいう意見が結構幅を利かせています。こういう意見に民衆は乗せられやすいのです。

大昔、戦争は王様が勝手に傭兵を使って戦争していました。今、国民主権の時代には戦争を始めるには国民の賛成がなければならず、戦争で命を失うのも国民です。ですから、前述のように外国に対する敵愾心を煽り、国民を戦争に駆り立てる必要があるのです。

しかし、戦争を始める張本人たちは民衆と同じように考えているわけではありません。例えば「週刊ダイヤモンド」（二〇〇一年十二月一日号）には、「紆余曲折はあったものの、終わりを間近にして振り返ってみれば、今回のアフガン戦争は悪いものではなかった。たいしたコストをかけずに軍需を刺激し、景気浮揚策につなげたからである。／古くなったトマホークなどの〝在庫一掃〟ができたうえ、原油価格安定という追風も吹いた。／実際、『ペンタゴン（国防総省）からの受注で工場はフル稼働』と、ある画像処理半導体メーカーの幹部はほおを緩ませる」「これらの動きは、米景気全般にもプラスの影響を与えているようだ。／カブール陥落が報道された直後の十一月十六日には、ニューヨークダウ工業株三十種平均が待望の一万ドル目前の九千八百三十八ドルを記録した。米景気は軍需によって回復軌道に乗りつつある」という記事があります。ここには戦争の狙いがあけすけに語られています。

第四十四話　戦争について②

第二次世界大戦でロシア（当時のソ連）は二千万人の戦死者を出しました。日本の三百十万人とくらべていかに大きな犠牲者であるかがわかります。緒戦でナチス・ドイツに不意をつかれ、多くの国土を占領され、国の存亡がかかった状況になりました。祖国の危機を救おうと多くの若者が志願して戦場に赴きました。その中には女性もいました。その数は百万人にのぼりました。その中には軍医や看護婦もいましたが、ほかの国と違うところは兵士として参加した人も大勢いたことです。もちろん、男たちは最初は女性の参戦希望を全く相手にしなかったのですが、あまりの熱心さについに折れて認めたのです。

ソ連は第二次大戦に勝利した国です。そこでは勇敢に戦ったという英雄的行動が賞賛される傾向があります。しかし、そういう国にとっても、本当は戦争は残酷なものです。一人の女性ジャーナリストが戦争に参加した女性たちの生の声を当局の圧力に抵抗しながら聞き取り、出版した本があります。

スヴェトラーナ・アレクシエーヴィチ（この人は二〇一五年にノーベル文学賞を受賞しました）著『戦争は女の顔をしていない』（群像社）です。そのなかに女性狙撃兵の話が記録されています。次にその一部を抜粋します。

マリヤ・イワーノヴナ・モローゾワ兵長（狙撃兵）

初めて「狩り」（狙撃部隊ではそう言ったの）に出たときのこと。組になったのはマーシャ・コズロワ。カムフラージュして腹這いになり、見張り、マーシャは機関銃を構える。突然マーシャが、

「撃ってよ、撃って、ドイツ軍よ……」

私は「私は見張りだもの、あんたが撃ちなさいよ」

「言い争っている内にいなくなっちゃうわ」

私は譲らない。「まず地図を作って、目印をつけないと。納屋はどこで、白樺はどこって」

「学校にいる時みたいに紙の上ばっかりでやるつもり？　そんなことにかかずらっているより私は撃ちに来たのよ」

マーシャは私にいらついてる。「どうしたの、撃ちなよ」

言い争っているうちに、ドイツの将校はもう兵隊たちに指示を与えている。輜重（しちょう。兵器・武器・弾薬を輸送する兵のこと）が来て、並んだ兵士たちが順に荷を下ろし始めた。将校は立っていて、それから何か言うといなくなった。私たちは言い争っている。その間に、そいつは二回も現れて、もう一度見逃してしまえばそれでおしまい。とりのがしてしまう。三回目に現れた時、それはほんの一瞬だったけど、私は撃つことに決めたの。そう決心した時、一瞬ひらめいた。『敵と言ったって人間だわ』と。両手が震え始めて、全身に悪寒が走った。恐怖のようなものが……。今でも、眠っているとき、ふとあの感覚がよみがえってくる……。ベニヤの標的は撃ったけど生きた人間を撃つのは難しかった。銃眼を通して見ているからすぐ近くにいるみたい……。私の中で何かが抵抗している。どうしても決心できない。私は気を取り直して引き金を引いた。彼は両腕を振り上げて、倒れた。死んだかどうか分からない。そのあとは震えがずっと激しくなった。恐怖心にとらわれた。私は人間を殺したんだ。この意識に慣れなければならなかった。そう……一言で言えば……たまらないって感じ。忘れられない……

クラヴヂヤ・グリゴーリエヴナ・クローヒナ上級軍曹（狙撃兵）

初めての時は怖かった……とっても……

私たちは腹這いになって見張る。ほらドイツの奴が塹壕から身を乗り出した。私は引き金を引き、そいつは倒れた。私は全身が震えて自分の骨がガタガタ鳴るのが聞こえ

る。泣き出してしまった。標的で訓練していた時には何でもなかったのに。人を撃ち殺しちゃった！　私が！　私と関係のない人を殺したんだ！　この人のことを全く何も知らないのに、殺しちゃった。

ここには戦争というのは、全く関係ない人を殺してしまう人殺しなのだということが端的に表現されています。それをやるためには、相手を憎むことが必要です。

高い空の上から爆弾を落とす空襲や最近のハイテク兵器を使った攻撃は人を殺すという感覚を感じることなく、それでいてもっと多くの人の命を奪っているのです。

第四十五話　戦争について③

戦争になるとどんなことになるのか、戦争が終わった一九四五年に五歳以上であった人が国民の五分の一にすぎなくなった今では、なかなか思い描くことは困難です。（二〇〇九年現在。現在ではもっと少なくなっている）

それを考えさせてくれる事件がありました。二〇〇六年八月十四日午前七時三十八分ごろ、東京都と千葉県の間を流れる旧江戸川で、クレーン船が水面から約十六メートル上に川をまたぐように張られた東京電力の高圧送電線に接触し、損傷させたことが原因で、東京都心部と神奈川、千葉両県の一部、合わせて百三十九万軒以上が停電したのです。被害軒数ベースで過去二番目に大きいこの停電で、首都圏の交通機関が大幅に乱れたほか、都内の信号が二百五十ヵ所以上で使用不能になり、渋谷区ではビルのエレベーターに人が閉じこめられるなど、大きな影響が出ました。たった一隻のクレーン船による事故でもこんなことになるのです。

一九四五年当時にはなかったものに原子力発電所があります。もしこういうところが攻撃されれば、危険な放射能が広範囲に大変な影響を与えるのです。ヒロシマやナガサキがいたるところに再現されるのです。マスコミに煽られて外国に対する敵愾心をかき立てられるままにするのではなく、日本が戦場になったときのことを想像してみることが大切ではないかと思います。

戦前、軍部に阿《おもね》ることも、戦争を煽ることもなかった反骨のジャーナリスト桐生悠々が、昭和八年、陸軍が厳重な報道管制下で行った関東防空大演習について、「信濃毎日新聞」の論説「関東防空大演習を嗤《わら》ふ」で厳しく批判し、「討ち漏らされた敵機の爆弾投下こそは、木造家屋の多い東京市をして、一挙に焦土たらしめる」と指摘して軍部の怒りを買い、新聞社を去らなければならなかったのですが、彼の指摘はそれから十二年後に見事に的中したのです。彼がそのように考えたのは関東大震災の経験をもとにしているのです。

いくつかの経験をもとに、きちんと論理的に考えていくことができれば、戦争するということがどういうことなのか、確かなイメージをつくることはできるのではないでしょうか。

第四十六話　戦争について④　軍隊は国民を守るのか

二〇〇四年に国民保護法（正式には「武力攻撃事態等における国民の保護のための措置に関する法律」）というものができました。この法律の本質は、国民を戦争に動員するためのものですが、通称から判断すると、「戦争に際して国民をいかにして保護するか」ということを定めているかのように見えます。本当に国民は守られるのでしょうか。

（二〇〇九年）八月二日に行われた茂原九条の会の憲法学習会「戦争体験を語り継ぐ」で、戦場を逃げまどい二人の幼い子どもを失った安里要江さんの証言ビデオが紹介されました。そのなかで彼女は「日本軍が来たとき、これでみんなが守ってもらえると思ったが、軍隊は私たちを守ってくれなかった」と言っています。体験者の悲痛な証言です。

もともと沖縄には日本軍は駐屯していませんでした。ところが、アメリカ軍が太平洋の島々を次々に攻略しながら北上してくると、ようやく沖縄に目を向け、一九四四（昭和十九）年三月、日本軍が駐屯するようになったのです。やってきた軍幹部の仕事は司令部の庁舎や宿舎を探すことから始まったのです。

確かに軍隊がやってきてくれると、なにか頼もしい感じがするかもしれません。しかし、相手がそれを恐れて攻撃をしてこないなら意味がありますが、それよりも遥かに優勢な兵力でひるまず攻撃を仕掛けてくるときには、生半可な武力はかえって相手の攻撃を呼び込むだけです。

しかも、沖縄に駐屯した第三十二軍に与えられた使命は「沖縄の人々を守る」ことではなく、米軍を沖縄に釘付けにして時間をかせぎ、本土防衛の態勢をつくるためだったのです。沖縄戦では約六万六千の軍人の戦死に対して、約十六万九千人の県民の死があるのです。
(『鉄の暴風』沖縄タイムス社編)

孫の牛島貞満さんが牛島司令官の誤り(県民の犠牲を多く出した)として指摘したのは、①司令部を南に移したこと(これによって住民が戦場の只中におかれることになった)②司令官の仕事である戦争の終結をせずに、自決し、「最後まで戦え」と命令を残したことです。そのため沖縄での戦闘は日本の無条件降伏後も続けられ、九月七日の納見中将による降伏文書調印でようやく終わったのです。このような誤りも、沖縄駐屯軍の使命が沖縄県民を守るためではなかったから起こったのではないでしょうか。

もし、日本軍が駐屯しなかったなら、占領はされたでしょうが、「鉄の暴風」と表現されたようなすさまじい艦砲射撃をはじめとするアメリカ軍の攻撃はなかったでしょう。

北朝鮮のミサイル発射騒ぎのとき、物々しく地対空誘導弾パトリオット(PAC3)が配備されました。市ヶ谷では一目見ようとする人々で大変な騒ぎになったということです。PAC3を見た人たちは、大いに頼もしく思い、「これで自分たちは守ってもらえる」と思ったかもしれません。しかし、命中率に問題があるし、防護範囲は半径数十キロだから、日本全土にハリネズミのように配備しなければ全土を守れないし、そのためにはすさまじいお金が必要で現実的ではありません。

北朝鮮のテポドンは大陸間弾道弾で、アメリカに到達することを目標にしているようですが、まだ未完成のようです。ノドンは射程距離が千キロ～千三百キロといわれ、日本が射程距離に入っているといわれ、不安を感じる人もいるようです。しかし、われわれの一般民家を狙ったところで意味はないことは落ち着いて考えればすぐわかります。目標は日本にあるアメリカ軍の基地です。頼もしそうに見える基地の周辺が実は一番危ないのです。

二〇〇一年九月十一日、アメリカで同時多発テロが起こりました。それまで千葉県でも多くの高校が沖縄に修学旅行に行っていましたが、これを受けて、いっせいに中止しました。沖縄のアメリカ軍は抑止力だと言って県民の意向を無視して辺野古に強引に基地をつくろうとしていますが、それならなぜ、一番安全なはずの沖縄を修学旅行が避けたのでしょうか。アメリカ軍基地が一番危ないと考えられたからではないでしょうか。

北朝鮮の方から攻撃を仕掛けることはまずありえません。そんなことをしたら、たちまちその何十倍の報復攻撃をあびるでしょうから。しかし、アメリカから攻撃されたら（現にイラクはアメリカに攻撃され、北朝鮮もクリントン大統領時代に攻撃一歩手前までいきました。このときは金泳三韓国大統領が必死に止めたことを後に回想録で述べています）。せめて一矢報いようとして米軍基地を攻撃してくるでしょう。

軍隊や基地があれば安心なのでしょうか。

第四十七話　戦争について⑤　今も昔も世論の支持がなければ戦争はできない

日本は一九三一年に起こした満州事変以来一九四五年に無条件降伏するまで、実に十五年もの間戦争をしました。では、そのはじまりの時、つまり満州事変の際、日本はどのようにして戦争にのめりこんでいったのでしょうか。

このころは軍部が強い力をもっていたから簡単に戦争ができたのではないかと思われがちです。確かにそういう側面もなかったわけではありません。明治憲法では、第九条で「天皇ハ陸海軍ヲ統帥ス」としています。とはいっても、天皇が何から何まで指揮することができるわけもなく、実際には軍部がやるわけです。その際、議会や内閣が軍事的な問題にタッチしようとすると（例えば軍縮問題）、「統帥権の干犯だ」とわめきたて、「天皇の大権」を利用しながら、実際には軍が勝手なことをしたのです。一方で、満州事変の際には、必要な天皇の奉勅命令なしに、朝鮮に駐屯していた軍を満州に出兵させ、「天皇の大権」を無視しているのですから勝手なものです。しかし、では軍部がやろうとすれば戦争は自由気ままにやれるかというと、そうとも言えません。

明治憲法のもとでは、女性には選挙権がなく、議会も今の憲法のように「国権の最高機関」ではなく、基本的人権も法律でいくらでも制限され、決して民主主義国家とは言えない状態でした。それにもかかわらず、「世論」というものは存在し、それを無視しては軍部といえども戦争をはじめるわけにはいかなかったのです。現代の戦争は国民を動員しなければできません。

一九三一年九月十八日、奉天郊外の柳条湖付近で満州鉄道の一部が爆破されました。これは当時満州に駐屯していた日本軍（これを関東軍といいます）自身がやったものですが、関東軍はこれを中国軍がやったものだとして直ちに中国軍を攻撃し、四ヵ月半でほぼ満州全土を占領しました。今から考えると、日本がでっち上げた（もっともこのことは国民にはまったく知らされていませんでしたが）事件で戦争が起こされ、その結果多くの人が戦死し、さらに一九三七年の日中戦争、一九四一年の太平洋戦争へと拡大していったわけで、満州事変こそが日本破滅のスタートラインでした。どうしてこの戦争がやすやすと起こされたのでしょうか。

実は、この戦争が起こると、国民の間に一気に軍への支持が巻き起こっていったのです。日本各地の神社には必勝祈願の参拝者がどんどん押し寄せ、憂国の志士から血書血判の手紙が陸軍大臣の机の上に山のように積まれたということです。このような国民世論の強い支持があったからこそ、軍部は突っ走ることができたのです。では当時の国民の多くが熱狂的に戦争を支持した背景には何があったのでしょうか。

第一は経済恐慌があります。一九二九年から世界恐慌が始まりますが、日本では一足早く一九二七年に金融恐慌がはじまり、銀行の破綻が次々に起こります。失業者の増大、農村の疲弊（東北農村では娘の身売りが）は目を覆うばかりでした。このような経済的疲弊を満州を占領、進出することによって打開しようと人々は期待したのです。

第二は、朝日、毎日などの新聞の役割です。これらの新聞は競って戦争を支持し、国民を煽り、国民はそれに煽られてまたたく間に好戦的になっていったのです。新聞が戦争を煽った第一の理由は戦争のことを書けば新聞がどんどん売れるからです。(このマスコミの体質は現在でもしばしば露呈されます)。朝日新聞は一九三一年の百四十四万部から一九三二年には百八十二万部に、太平洋戦争開始の翌年の一九四二年には三百七十二万部になっています。戦後、読売新聞が巨人軍の記事を大きく書いて売り上げを伸ばしました。そのことが逆に巨人軍の人気を高めました。これと似たようなやりかたです。

第三の理由は、満州でも新聞が増えることをあてこんでいるのです。評論家の阿部慎吾は雑誌「改造」で、「各紙とも軍部側の純然たる宣伝機関と化したといっても大過なかろう」と書いています。国民の動向は多分にマスコミによって大きく左右されるものであることは今日でも変わらないのではないでしょうか。戦争でマスコミが果たした役割については、NHKのラジオも含めて、さらにもうすこし取り上げてみたいと思います。

第四十八話　戦争について⑥　でっちあげられた肉弾(爆弾)三勇士

戦争においてマスコミが果たした役割について、前回述べました。今回は引き続きマスコミの果たした役割について述べてみたいと思います。

一九三一年の満州事変に続いて、一九三二年には上海事変が起こりました。この事変で国民的英雄が生まれました。「肉弾三勇士」です。これについて朝日新聞取材班がまとめた『新聞と戦争』（朝日新聞出版）には次のように書かれています。

第一報は、一九三二年二月二十四日の新聞に載った。

自己の身体に点火せる爆弾を結びつけ身をもって深さ四メートルにわたる鉄条網中に投じ自己もろ共にこれを粉砕して勇壮なる爆死を遂げ歩兵の突撃路をきり開いた三名の勇士がある。という上海特派員電だ。（中略）

反応は素早かった。陸軍省はその日のうちに恩賞の授与を決め、さらに教科書への掲載や「天皇陛下の上聞に達したい」と検討を始める。一方、感激した読者は続々と弔慰金を新聞社に寄せ始めた。（中略）

頂点は、歌の競作だ。朝日は二十八日の紙面で「肉弾三勇士の歌」の懸賞募集を発表する。同じ日に、毎日も同様の懸賞募集を発表した。ただしこちらは、「爆弾三勇士の歌」。一等の賞金額五百円まで、同額で張り合った。

本当のところはどうだったのでしょうか。再び『新聞と戦争』から引用します。

国立公文書館の内務省警保局保安課のつづりに『『爆弾三勇士のほんとのこと』という短い文書がある。死んだ３人の工兵と同じ久留米工兵隊に属する１人の兵卒の話を聞き取ったものだ。概要は次の通り。

〈「三勇士」とされた人は、破壊筒の導火線に火をつけ、走って行って鉄条網に突っ込み、素早く帰ってくる予定だったそうだ。ところが途中でつまずいたか弾丸にあたったかで１人が倒れ、時間をとってしまったため、３人は逃げ帰りかけた。すると伍長が「なんだ！天皇のためだ国の為だ行け！」とどなりつけたので、３人はまた引き返した。破壊筒を抱えて鉄条網に着いたか着かぬかに爆発したそうだ。命令に背いたりして銃殺された例もあり、同じ死ぬならと思って進んだのだろう。全くかわいそうでならない〉

断片的な情報から美談に仕立て、国民を熱狂的に戦争に駆り立てた新聞の責任は重いといわなければなりません。

三度『新聞と戦争』から引用します。

そもそも「肉弾三勇士」の舞台となった上海事変自体が、田中隆吉少佐らが仕掛けた日本人僧侶襲撃事件などの謀略がきっかけだった。田中氏自身が戦後、「満州」建国工作から列国の目をそらすためにやった、と明らかにした。新聞は本来、そうした謀略の真相をこそ追求し、国民に知らせるべきだった。しかし実際は個人的、組織的な目先の競争にとらわれ、美談作りに血道を上げた。こうして作られた「自己犠牲の美化」は、のちの特攻の素地となる。

第四十九話　戦争について⑦　新聞社による軍用機献納運動

一九三一年に満州事変という形ではじまった戦争は一九三七年には中国全土に広がって行きました。このころになると、新聞は満州事変のときのおずおずした感じをかなぐり捨てて、なんの遠慮もなく大々的に戦争を煽っていくようになります。

朝日新聞は盧溝橋事件約二週間後の一九三七年七月二十日に六段抜き社告で軍用機の「献納運動」を提唱して国民的協力を呼びかけました。

一口一円以上。まずは朝日の役員、従業員一同の名で、計四万円の献金を紙面で告げました。「挙国支援を期待」と首相近衛文麿の談話。文相、陸相、海相も「絶大なる寄与」と称賛しました。

翌日の紙面は「神風」訪欧飛行で有名になった「飯沼、塚越両勇士　率先して献納」と、二人の顔写真入りで報じました。

「殺到する銃後の赤誠(まごころ)」の大見出しで、即日二十三万余円集まったとも伝えました。三菱重工、大日本電力、日清製粉、丸善、愛国婦人会神奈川支部評議員……大口小口、献金者の名前と金額を連日のように紙面に載せました。「我先に」の心理がかきたてられたと推察されます。美談も、次々に報じました。

「坊はおうちにオモチャの飛行機があるから兵隊さんにもやらう」と、東京・渋谷区の少年（七つ）が、おばあさんと一緒に朝日東京本社を訪れ、「玩具代一円と（おばあさんの）お小遣ひ五円を……寄託した」。

営業部門も張り切りました。販売店を動員して献納運動を展開、同時に新聞拡張に励みました。「朝日販売の第一線を固める販売店ならびに全従業員諸君は……得意の肉弾戦をもって縦横無尽に敵陣を切り崩し新読者層の開拓に破竹の勢で驀進を続けてゐる……タイムリーに打ち込む号外の榴散弾、二頁写真号外の爆撃弾、さては事変後の迫撃砲……士気は弥が上にも昂る」

他の新聞社も「国防」「愛国」「報国」といった名称で「協力」を競いました。

しかし、朝日新聞の献納運動は突出していました。

キャンペーン開始一ヶ月後に、まず四百万円で六十機を陸海軍に納め、その後も続々と献納。社内報によると、寄金は終戦までに計三千二百万円を超え、「全日本号」の名で、爆撃機や偵察機など三百十機以上を陸海軍に贈りました。

まさに新聞社は報道機関ではなく、軍部と同じ戦争遂行機関でした（以上は前掲の『新聞と戦争』を参照しました）。

第五十話　戦争について⑧　ラジオの役割㈠

とても民主主義とはいえない明治憲法下の日本でも、国民の世論の支持がなければ戦争はできません。そしてこの国民世論の形成に大きな役割を果たしたのが新聞だということをこれまで述べてきました。

次にもうひとつの大きなマスコミであるラジオについて見てみたいと思います。今日ではテレビの影響力が圧倒的で、ラジオはそれに比べると目立たない存在になっています。しかし、テレビのなかった時代はラジオの役割は大変大きいものでした。

日本でラジオ放送が始まったのは社団法人・東京放送局が試験放送を開始した一九二五(大正十四)年三月一日です。その後、一九二六(大正十五)年八月二十日に東京・大阪・名古屋の三法人が解散して日本放送協会が発足しました。民間放送を申し出る団体もありましたが許可されず、日本放送協会の第一放送と第二放送しかなく、政府によって検閲され、統制されていました。社団法人としたのは「国家の目的に接近し、政府の監督容易なる組織である」と戦前発行された「無線史」に述べられています。

受信契約者数は一九三一年に満州事変が起こると百万を突破、日中戦争が始まった一九三七(昭和十二)年には三百五十万人に達し、一九四四(昭和十九)年には七百万人を超えました。これは朝日新聞と毎日新聞の購読者を合わせた数より多かったのです。戦後、東京オリンピックによってテレビが爆発的に普及したように、戦争の拡大とともにラジオが普及していったのです。しかも、密閉性の高い欧米の家屋と違った、開放的な日本の家屋では、近所でも放送が聞こえる状態にあることが多く、実際の聴者ははるかに多かったと思われます。

日本がモデルにしたのはナチス・ドイツの宣伝戦略でした。例えば、ナチス・ドイツでは毎日午後七時から八時の間を「国家の時間」としていましたが、日本では午後七時半以後を「政府の時間」としました。日中戦争が勃発した一九三七年七月には近衛首相が、「時局に左する国民の覚悟」という演説を「政府の時間」に行なっています。

リベラルな平和思想家であった清沢洌は雑誌「中央公論」に「仮に聴衆者が朝から晩まで、同じ傾向の、同じ感情の、同じ反動的な調子で講演を聞いていれば、一ヶ年にしてそのラジオを通じてその精神教育は完成しないだろうか。今のところこれを避ける方法はない」と述べており、当時すでにラジオの持っている問題点を認識していた人もいたのです。しかし、そういう人はごく少数であり、しかも一九四一年二月には情報局（言論・報道の一元的な統制のため、一九四〇年につくられ、日本放送協会もその指導下におかれました）によって彼は執筆者禁止リストに入れられ、対外的な意見の表明はできなくなりました。

太平洋戦争とともに政府による放送の利用はますます激しくなります。真珠湾攻撃、日米開戦自体がラジオで「大本営発表」という形で国民に伝えられました。当日十二月八日午後六時には情報局の第二課長が「ラジオの前にお集まりください」と題して、次のような話をしています。

いよいよその時が来ました。国民総進軍の時が来ました。政府と国民ががっちり一つになり、一億の国民が互いに手を取り、互いに助け合って進まなければなりません。（中略）政府は、毎日毎時間に戦況をお報せ致し、また政府の国民に望むところ、国民に御留意願いたい事情をお伝えします。放送を通じて政府の申上げまするところは、政府が全責任を負い率直に申上げるものでありますから必ずこれを信頼して下さい。

第五十一話　戦争について⑨　ラジオの役割㈡

前回、ラジオが国民を戦争に駆り立てたことを述べました。その効果を高めるために、香港やシンガポール攻略の際には、銃声や砲声が鳴り響くなかで、アナウンサーが実況放送をやり、それを録音して後に放送しました。今と違ってレコード盤に録音するので、大変な装置が必要でした。

前回の最後に、太平洋戦争が始まった一九四一年十二月八日の夜、情報局の第二課長の「放送を通じて政府の申上げまするところは、政府が全責任を負い率直に申上げるものでありますから必ずこれを信頼して下さい」という発言を紹介しましたが、戦局の悪化とともに、大本営発表そしてそれをそのまま無批判に流す日本放送協会のラジオは嘘で国民を欺き、信頼できなくなります。

その最初は一九四二年六月のミッドウェー海戦です。日本は空母四隻を失い、日米の海上兵力は全く逆転しました。ところが、六月十日の大本営発表は「増援中の米艦隊を補足猛攻を加え、敵海上および航空兵力ならびに重要軍事施設に甚大なる損害を与えたり」として、日本側の空母損失を大破一、逆に米空母は損害一を二と発表しています。

元大本営海軍報道部中佐であった富永謙吾氏は戦後、大本営発表の海軍に関するものを検証し、戦果は約六倍に誇張し、損害は約五分の一にされていたとしています。

次にガタルカナル島での戦いです。米軍の意図を見抜けず、小出しに増派を繰り返した日本は三万一千の兵力のうち二万以上を失い（大半は餓死）一九四三年二月撤退しました。ところが、大本営はこれを「撤退」とは言わず、「転進」と表現して誤魔化しました。

アッツ島では、一九四三年五月、圧倒的なアメリカ軍の艦砲射撃と爆撃、上陸部隊による攻撃で追い詰められ、五月二十九日に残った百五十名が突撃して全滅しました。これについて、谷萩陸軍報道部長はラジオ講演で「守備せる全員、ことごとく玉砕し、かくてアッツ島は皇軍の真髄発揮の聖地として永遠に悠久に歴史の上に記されることになったのでありますす。勝利かしからずんば死を求むる精強世界無比なる皇軍の真面目は敵米軍の心胆をさむからしめたことは明確であります。私、謹みて合掌いたします。仇敵撃ちてし止まんの誓いを新たにいたすものであります」と述べています。

追いつめられ、貧弱な武器かあるいはほとんど素手で、ただ「生きて虜囚の辱めをうけず」のためだけで、突撃して死んでいくことを「玉砕」と美しく表現して誤魔化し、国民に犠牲をいとわず後に続いていくことを求めています。

一九四四年七月のサイパン陥落のときの大本営発表も次のようなものでした。

サイパン島の我が部隊は七月七日早暁より全力を挙げて最後の攻撃を敢行、所在の敵を蹂躙し、その一部はタポーチョ付近まで突進し、勇戦力闘、敵に多大の損害を与え、十六日までに全員壮烈なる戦死をとげたるものと認む。

第五十二話　戦争について ⑩　ラジオの役割 (三)

これまで、ラジオがいかに国民を戦争に駆り立てたかについてのべてきましたが、戦争終結にさいしても、ラジオは大きな役割を果たしました。

毎年八月十五日は終戦記念日ということで、全国戦没者追悼式が行なわれ、マスコミにも戦争終結の日としていろいろ取り上げられます。しかし、内閣が終戦を最終決定したのは十四日であり、ミズーリ艦上において降伏の調印を行なったのは九月二日です。八月十五日に何があったかといえば終戦の詔勅放送があったに過ぎないのです。それにもかかわらず、このラジオ放送が大きな衝撃を与えたために、この日が終戦の日と捉えられるようになったのです。

天皇にラジオ放送で直接国民に戦争の終結を語ってもらうことを考え、実行したのは情報局総裁であった下村宏でした。彼は逓信省の局長、台湾総督府民政長官、朝日新聞社副社長、日本放送協会会長などを経て、一九四五年四月に情報局総裁になったという人物です。言論側にも統制側にも通じた人物でした。

彼は八月八日に天皇に拝謁し、戦争についての彼の考えを述べ、マイクの前に立つことを進言しました。

実は一九二八年十二月二日に行なわれた大観兵式の際、放送陣は苦心して勅語を読む天皇の声を中継したことがありましたが、このときは逓信省や宮内省から厳しく注意されたということです。当時現人神であった天皇の声を電波にのせることはタブーだったのです。それだけに、玉音放送の効果は大きかったわけです。

下村自身が後に次のように述べています。

国内外に一斉に敗戦を知らせるため、そして何より、軍の反乱を抑えるため、天皇の肉声を聞かせることに大きな意味があった。活字だけでは、天皇の本当の意思なのかわからない。当時、天皇の声を聞くことは、それだけで「ありがたいこと」だった。そこに放送の効果があると考えた。

昭和女子大の竹山昭子教授は次のように言っています。

終戦の儀式を天皇自身が執り行う必要があった。その唯一の方法として、電波によって、天皇の肉声を伝えた。初めて聞く天皇の声の衝撃と共に、同時性、直接性、広範性、迫真性など、電波メディアの特性が最も生かされた。

放送の効果を高めるために、新聞は昼過ぎに配達されました。

これまで、ラジオがいかに国民を戦争に駆り立てたか、また戦争終結に大きな役割を果したかを述べてきましたが、実は、戦時下ではラジオも自由に聞くことはできませんでした。

ラジオを持つには届けが必要で、これを怠ると一年以下の懲役が科せられました。とくに海外の放送を受信できる短波受信機は防諜上厳重に禁止されていました。

第五十三話　戦争について⑪　再び「軍隊は国民を守るのか」

前に、「戦争について④」で「軍隊は国民を守るのか」ということを書きましたが、このことを別の例でもう少しお話ししてみたいと思います。

坂本龍彦という朝日新聞の記者だった人が書いた『集団自決』（岩波書店）という本があります。これは、教科書検定で問題になった沖縄でのことではなく、満州開拓民の「集団自決」を扱ったものです。

満州（現在の中国東北区）には三十万の開拓民が送り込まれ、そのうち九万人が死亡し、そのうち集団自決者が一万一千人と推定されていますが、このような悲劇はどのようにして起こったのでしょうか。

当時満州に駐屯していた関東軍は精鋭部隊のように思われていましたが、その主力は南方戦線に移動しており、大本営はソ連が侵攻してきた場合には満州を放棄することを決めていました。すでに一九四五年五月には満州帝国の首都新京を放棄し、朝鮮国境の通化に移駐する計画が出され、司令部の移動が始まっていました。それにもかかわらず、兵士の数だけ集めて、小銃さえ行き渡らない〝カカシの軍隊〟をソ連に誇示しようと根こそぎ動員を敢行したのです。そのため、「義勇隊開拓団の幹部は召集の対象にされない」という約束も反故にされ開拓団の幹部も召集されることになったのです。

また、ソ連が侵攻してくる一週間前、関東軍報道部長は放送局から「関東軍ハ磐石ノ安キニアル。邦人、トクニ国境開拓団ノ諸君ハ安ンジテ生業ニ励ムガヨロシイ」とまったくの嘘を放送しています。満州帝国政府は開拓団を南に移動させるという提案をしたのに、関東軍作戦課は、「国境付近の在満邦人を引き揚げさせることは、軍の企図を暴露させ、原住民を動揺させる」と、真っ向から反対したのです。それでいて、軍の幹部や満鉄社員の家族は八月初旬には南に移動させているのです。

戦後になっても、元関東軍作戦主任参謀は「軍は作戦を最優先せねばならない。敵に気づかれず、密かに撤退するのも任務なのだ。多少の犠牲はやむをえない。それが、戦争なのだ」と言い張り、軍の方針を正当化しています。

開拓団は指導者の男子を軍に召集されて奪われ、ソ連軍の侵攻・これまでの日本人の横暴に対する原住民の報復への恐怖から集団自決の道を選んだのです。

自分が軍に召集されている間に母と妻が自決した永井幹夫は次のように書いています。

　最終的に国を守るとは、「女性を守ること」であった。（中略）敗戦時における関東軍は、この崇高なる自己の使命を完全に放棄した。北満三〇万の開拓民を放棄しててんとして恥じず、真っ先に自分の家族を軍用列車で返送し、営々として国の出城を守った開拓民の移動は放棄して顧みなかった。敗戦後もこれに対して何一つ反省もない。

第五十四話　戦争について⑫　地震と戦争㈠

東日本大震災は大変な人命と人々の生きていく手段を奪いました。この地域の人びとはこれまで何度もあった津波の教訓からさまざまな備えをしていただけに、実に残念です。

近代に入ってから三陸地方を襲った津波は三回ありました。一つは一八九六（明治二十九）年六月十五日の大津波です（これを明治三陸大津波と言います）。岩手県の田老村では人口二千二百四十八人のうち千八百五十九人が亡くなっています。大槌町では日清戦争から帰ってきた兵隊たちを迎えて歓迎花火大会が海岸で行なわれていたところを津波に直撃されたということです。全体で二万二千人もの人々が死亡しました（今回はそれをはるかに上回っています）。

二つ目は一九三三（昭和八）年三月三日に起こったもので、昭和三陸大津波といいます。三つ目は一九六〇（昭和三十五）年五月二十四日に北海道から沖縄にいたる太平洋岸が津波に襲われました。これはチリ沖で起こった地震によるものでした。

昭和三陸大津波のとき、前年に満州国を作った日本はさらにその領土を広げようと熱河作戦を繰り広げていました。この作戦に従軍していたのが弘前の第八師団で、出動中の兵士のうち、被災した家が三百八十六戸もあったそうですが、もちろん遠い中国にあって、家族を助けたりすることもできませんでした。

このころ、日本共産党に対する弾圧は苛烈を極め、毎年一万数千人が治安維持法で検挙され、拷問によって殺される人も続出しました。そのひとりが、この地震の前月に虐殺された小林多喜二です。それにもかかわらず、共産党は「三陸救援闘争に参加を」と呼びかけ、これに応じて多数の学生、医師、看護婦が救援にかけつけたということです。ところが、官憲は、被災者に注射し、薬をあげているところにも押しかけて片っ端から逮捕し、盛岡の警察署は逮捕者であふれたということです。また、中華民国は敵国である日本に義援金を送ってきたそうです。

地域は違いますが、太平洋戦争中の一九四四（昭和十九）年十二月七日、東南海地震が起こりました。マグニチュード7・9という大きな地震でした。愛知県や静岡県では地震による倒壊家屋が続出し（五万四千以上が全・半壊）、三重県では大津波で多くの家が流され（三千百戸以上）、千人以上の人が亡くなりました。

愛知県では多くの学生・生徒が飛行機を生産する工場に動員されて働いていましたが、倒壊した工場の下敷きになって九十七名が亡くなりました。こうした工場はもとは紡績工場で、戦争のため接収され飛行機の生産を行なっていたのですが、飛行機の生産に邪魔な柱を取り除いていたため、建物の強度が弱まり、地震で倒壊したのです。

東南海地震の時には、戦争中で敵に知られてはいけないということで、全く秘密にされました。翌日の新聞には「昨日の地震」という小さな記事が載っただけで被害の実態を伝える記事はなく、大勢の生徒が下敷きになって死んだことも秘密にされ、戦争が終わるまではわかりませんでした。この日の新聞に大きく載ったのは開戦記念日ということで「天皇陛下がますます元気で全軍の指揮にあたっている」という、特別大きな写真入りの記事でした。

皮肉なことに日本では戦争に不利ということで秘密にされていたのですが、アメリカは地震観測とアメリカに到達した津波によって日本の大地震・大津波をキャッチし、これで日本の軍需工場は壊滅したと大々的な宣伝の材料に使ったということです。

第五十五話　戦争について⑬　地震と戦争㈡

前回は、太平洋戦争中に起こった東南海地震のときには、「敵に知られてはいけない」ということで全く秘密にされ、救援の手も差し伸べられなかったことを述べました。今、日本だけでなく世界中から応援が寄せられているのも、平和のお陰です。

今回のことで、もう一つ気になることがあります。東京電力の福島第一原子力発電所が地震と津波で事故を起こし、多くの放射能が放出され、人々を不安に陥れています。今回の事故は自然の猛威によるものですが、もし戦争になったら、原子力発電所は容易に敵の攻撃目標になります。今回水素爆発を起こして建て屋が見るも無残に破壊されましたが、ミサイルや大砲で攻撃されたら原子炉格納容器や原子炉圧力容器まで破壊され、放射能汚染は更にすすむことになりかねません。

福島原発では、現在、放射能の放出を止めるために懸命な活動が続けられています。もし戦争中だったらどうでしょうか。このような活動も、敵からの攻撃と戦いながらすすめなければならず、とても十分なことはできないのではないでしょうか。

最近、北朝鮮や中国との対立が深まるたびに「戦争も辞さず」と国民を煽る若い保守政治家がいて、先制攻撃を正当化したり、先島諸島への自衛隊の駐屯をとなえたりしています。勇ましい発言はややもすると人気を博します。

しかし、このように考えると、狭い国土に五十四基の原発を抱える日本で戦争することは絶対にできません

第五十六話　戦争について⑭

日本は一九四五年八月以来、実に六十六年間（二〇一一年現在）戦争をしないできました。これは、生まれた赤ん坊がお年寄りになるまでの期間です（この間、アメリカは、主なものだけでも朝鮮戦争、ベトナム戦争、湾岸戦争、アフガニスタン、イラクへの侵攻と、五つの大きな戦争を経験しています）。

日本が平和でいられたというのは、本当に素晴らしいことですが、皮肉なことに、戦争体験者がどんどん少なくなり、戦争の悲惨さの記憶が人々のなかから消えていくのにともなっ

て、外国との対立を煽り、強硬姿勢を主張する若い政治家も増えています。自民党でも、後藤田正晴さんや野中広務さんのような戦争体験者は慎重な姿勢でしたが、安倍元首相のように、先制攻撃もできるなどという戦後生まれの政治家もいます。そして、やはり戦争体験のない国民も強硬姿勢に同調しやすくなっているところがあります。

この点で、違いを感じるのは韓国です。朝鮮戦争の休戦協定が結ばれたのは一九五三年ですから、五十八年前のことです。日本とそれほどは変りません（尤も、韓国はアメリカの助っ人としてベトナム戦争に参戦していますが）。

数年前、韓国の軍艦が爆発沈没し、大勢の兵士が亡くなるという事件が起こりました。韓国政府は慎重な調査の上、北朝鮮の攻撃によるものと結論付けました。その直後に韓国では地方選挙がありました。二〇〇七年の選挙で当選した李明博大統領はそれまでの金大中大統領や盧武鉉大統領とはちがって対北強硬策をとっていましたから、李明博大統領のハンナラ党が勝つというのが事前の予想でした。しかし、蓋を開けてみるとハンナラ党は敗北しました。もし、日本だったら強硬論が一気に噴出することになったのではないかと思います。

韓国の場合、敵対しているとはいえ、同じ民族であることが日本とは違うとは思いますが、やはり、戦争になった時のイメージが日本人よりはるかに鮮烈なのではないでしょうか。首都ソウルは南北の境界線からそれほど離れていず、ミサイルでなくても、大砲でも届く距離なのです。

第五十七話　戦争について⑮　戦争のなかった先例

今年（二〇一五年）は戦後七十年ということでいろいろと取り上げられました。ふと考えてみると、昨年二〇一四年は第一次世界大戦がはじまってちょうど百年だったのですが、日本ではあまりそのことが取り上げられませんでした。そのことに気づいたのは、ＮＨＫで放送された「新・映像の世紀　第一集　百年の悲劇はここから始まった」を見たときです。

ところで、日本国憲法第九条のおかげで、日本は七十年間戦争をすることがありませんでした。そのため、皮肉なことに戦争の体験者が次第に減っていき、安倍首相のような政治家を含めて戦争を体験したことがない人が圧倒的多数になってきています。そのことを利用して戦争のできる国づくりが急ピッチですすめられています。

この放送を見て改めて認識したのですが、実は戦争のない時代が長く続き、人々の脳裏から戦争の影が消えていたことが過去にもあったのです。それは、第一次大戦前のヨーロッパです。

ヨーロッパ諸国によるアジアやアフリカに対する植民地獲得のための戦争はその後もありましたが、ヨーロッパの国同士の戦争の最後は普仏戦争でした。普仏戦争はナポレオン三世率いるフランスとビスマルク率いるプロイセンが戦った戦争です。プロイセンはフランスに勝利することによってドイツ統一を成し遂げました。戦争は一八七〇年七月に始まり、実質的には翌年一八七一年一月のドイツ軍のパリ占領で終りました。ほぼ半年で終ったわけです。

それから、第一次世界大戦のはじまる一九一四年まで、約四十年間、ヨーロッパが戦場となることはなかったのです。

番組のナレーションは、戦争が始まったころのことを次のように語っています。**「イギリスでは五十万の若者が志願した。四十年も平和が続いたヨーロッパでは戦争の記憶は薄れ、若者は戦争をロマンティックな冒険と考えがちだった。誰もが、戦争は数ヵ月で終ると信じていた」。**ある兵士は次のように語っています。**「ドイツ軍などあっという間に蹴散らすことができると新聞が煽っていた。みんなそう信じていたし、クリスマスまでには戦争は終ると信じていた。友人たちは争って志願した。私も十七歳で志願兵になった」。**一方、ドイツの兵士は**「ドイツの学生は皆強烈な愛国心に取り付かれていた。はためく国旗、勇ましい軍歌。祖国の華々しい勝利を疑うものはいなかった」**と言っています。

この場合、長く戦争の体験がなかったために、人々は戦争のリアルな姿がわからず、「戦争をロマンティックな冒険」と捉えたのです。そして「短期間に終る」と思っていたのです。不幸なことに、戦争は誰もが想像することもできなかったような、苛烈なものになり、長期戦となり、凄まじい人的、物的被害を生み出すことになりました。

いま、多くの日本人は、「まさか、戦争なんて」と思っているのではないでしょうか。しかし、いざ戦争が始まったら、それにストップをかけることはきわめて困難です。いま必要なことは、理性的に「戦争法」の危険性を掴むとともに、戦争のイメージを想像する力をもつことではないでしょうか。

第五十八話　憲法九条と自衛隊①

今回からしばらく憲法九条と自衛隊の関係、自衛隊の現状について考えてみたいと思います。

［自衛隊の存在を認める憲法解釈］

憲法九条をあらためて次に引用してみます。

　第二章　戦争の放棄

　第九条〔戦争の放棄、戦力及び交戦権の否認〕

①日本国民は、正義と秩序を基調とする国際平和を誠実に希求し、国権の発動たる戦争と、武力による威嚇又は武力の行使は、国際紛争を解決する手段としては、永久にこれを放棄する。

②前項の目的を達するため、陸海空軍その他の戦力は、これを保持しない。国の交戦権は、これを認めない。

第2項では、「陸海空軍その他の戦力は、これを保持しない」と明記されています。この条文のもとで、なぜ自衛隊は存在することができるのでしょうか。

一九五〇年に警察予備隊、一九五二年に保安隊、そして一九五四年に自衛隊をつくってきた政府は、どのような解釈によってそれを可能にしてきたのでしょうか。

まず、第1項の「国際紛争を解決する手段としては」という文章を使います。つまり、「戦争や武力による威嚇または武力の行使」を放棄したのは「国際紛争を解決する手段としては」であって、それ以外のこと、つまり自衛のためなら、戦争などを放棄しているわけではないというわけです。そして第2項の「前項の目的を達するため」という文章を使います。つまり、「前項の目的」とは第1項の「国際紛争を解決する手段としては、戦争を放棄する」ために、「陸海空軍その他の戦力は、これを保持しない」のだから、自衛のためのものは保持できるというわけです。

ところで、第2項の「前項の目的を達するため」という文章は最初の政府原案にはなく、後に首相になる芦田均が小委員会に提案したもので、後に、芦田自身が「自衛権の行使は別であるという解釈の余地を残したいとの配慮から」行なったと述べています。提案者が言っているのだから、正しい解釈だろうと多くの人が思うかもしれませんが、そうではないのです。実は、芦田の提案は次のようなものでした。

第1項　正義と秩序を基調とする国際平和を誠実に希求し、陸海空軍その他の戦力はこれを保持せず、国の交戦権は、これを否認することを宣言する。
前項の目的を達するため、国権の発動たる戦争と、武力による威嚇又は武力の行使は、国際紛争を解決する手段としては、永久にこれを放棄する。

つまり、芦田提案は1項と2項が入れ替わっており、この場合には「前項の目的を達するため」という文言を自衛隊の存在を認めるように解釈することはできません。これが審議の過程で1項と2項を元に戻し、「前項の目的を達するため」という文言を残すことになったのです。その結果、再軍備を可能にするような解釈が可能になることは、芦田を含めて委員は誰も気づきませんでした。少数の法制局の官僚が心に密かに抱いただけでした。また、形式的には日本占領の最高機関であるワシントンにあった極東委員会では、中華民国の代表が次のように発言しています。

中国代表は，衆議院において〔憲法九条が〕修正され、〔九条2項が〕九条1項で特定された目的以外の目的で陸海空軍の保持を実質的に許すという解釈を認めていることを指摘したい。それは日本が何らかの口実の下で、例えば自衛という口実で軍隊を持つ可能性があることを意味します。

中国代表がこの修正の意味に気づいたのは、日本がかつて「自衛」の名による「侵略」を行ってきたという歴史的体験があったからでしょう。

極東委員会はこのような解釈で一致したからこそ、第六十六条に「②内閣総理大臣その他の国務大臣は、文民でなければならない」という、いわゆる「文民規定」を入れることを求め、実際そうなったのです。日本が憲法九条の規定するように「陸海空軍その他の軍隊を保持しない」のなら、「大臣が軍人であってはならない」という規定は必要ないはずです。

第五十九話　憲法九条と自衛隊②

前回は、憲法九条の下でどのようにして自衛隊の存在を認める解釈ができるのかについてお話ししました。そのもとになったのが、芦田が小委員会に提案した「前項の目的を達するため」という文言だということでした。ただし、正確に言うと、芦田の提案そのものは提案のときはそのような意図はなかったのです。

後に、保守合同によって自由民主党が誕生し、憲法改正の動きを本格化し始めてから、芦田は最初から再軍備が出来るようにこの文言の挿入を提案したのだと言い始めたのです。芦田の死後、「東京新聞」が一九七九年三月に芦田日記の一部を掲載しました。それには一九四六年七月二十七日の項に芦田の主張（「最初から再軍備が可能になるように考えて提案した」）を裏付ける記述があり、これが再軍備論を裏付けるものとして広く使われました。ところが、一九八六年に本物の芦田日記が刊行されてみると、そのような記述はどこにもありませんでした。その後の東京新聞の内部調査によると、これは記者の「作文」であったということです。

では、芦田提案はどのような意図の下で行なわれたのでしょうか。それがわかると思われるもうひとつの重要な資料は「小委員会速記録」ですが、なんとこれが一九五六年五月に秘密扱いにされ（このころから憲法改正＝再軍備論がたかまっていた）、今日に至るまでなお公開されていません。当時、法制官僚として憲法制定にも深くかかわった金森徳次郎も朝日新聞紙上で「公開した方がよい」と言っていたのですが。

[吉田茂の自衛戦争否定答弁]

なお、国会での論戦の際、吉田首相は次のように答弁しており、当時は九条を再軍備が出来るように解釈することは念頭になかったように思われます。

戦争放棄に関する憲法草案の条項に於きまして、国家正当防衛権による戦争〔自衛戦争〕は正当なりとせらるるようであるが、私は斯くの如きことを認むることが有害であると思うのであります。近年の戦争は多くは国家防衛の名に於いて行なわれたることは顕著なる事実であります。故に正当防衛権を認むることが偶々戦争を誘発する所以であると思うのであります。

追記

『小委員会速記録』ですが、なんとこれが一九五六年五月に秘密扱いされ、今日に至るまでなお公開されていません」と書いたところ、ある読者の方から「実は公開されているよ」というご教示を頂きました。つまり、ＧＨＱ側には英訳された議事録が残されており、その翻訳版が一九八三年に森清監訳『憲法改正小委員会秘密議事録―米国公文書公開資料』（第一法規出版）として公開されているということです。ご教示ありがとうございました。

私自身はこの資料をまだ見ておりませんが、古関彰一『新憲法の誕生』(中公文庫)には『憲法改正小委員会秘密議事録―米国公文書公開資料』の中には芦田が「『芦田修正』にあたり、『自衛権の行使は放棄していない』などと発言している部分はどこにもない」と記述されています。その後いろいろ調べてみると、一九九五年に小委員会議事録が公開され、現在では国立国会図書館のホームページで閲覧することができるようになっていることがわかりました。

第六十話　憲法九条と自衛隊③

いよいよこれから自衛隊の現状について述べてみたいと思います。しかし、自衛隊というのは巨大な組織で、その実態に迫るのは容易なことではありません。まして、自衛隊を専門に研究しているわけでもない一市民にすぎない私がどこまで正確に分析できるか自信がありません。

一般に、「憲法九条によって日本が軍隊を持つことは禁止されている」と考えている人は、「どうせ違憲なのだから」と、却って自衛隊の現状について無関心になりやすいように思われます。

軍事専門家でなくても、市民の立場から自衛隊の現状について関心をもっていく必要があるのではないでしょうか。

＊　＊　＊

自衛隊の始まりは、一九五〇年、マッカーサーの指令により、国会で議決された法律ではなく、ポツダム政令によって公布された警察予備隊令によって作られた警察予備隊です。この政令は「国家地方警察及び自治体警察の警察力を補うため」（第一条）設置されると述べ、その任務は「治安維持のため特別の必要がある場合において」行動し（第三条1項）、その「活動は警察の任務の範囲に限らるべきものである」（第三条2項）と規定していました。その数ヵ月前に始まった朝鮮戦争で朝鮮に渡ったアメリカ軍の後を埋め、さらに戦局の変化、拡大によっては「人的資源」として戦線投入することも考えられていました。アイケルバーガー中将は五〇年の暮れに「アメリカの兵隊は世界中で一番高くつくが日本人は世界で一番安上がりの歩兵である」とはっきり言いました。つまり、予備隊はアメリカのための「人的資源」としての植民地傭兵的性格の強いものでした。装備はすべてアメリカ製であり、訓練がアメリカ式であるのみならず、指揮命令系統も「顧問」のアメリカ軍人が握っていました。

こうした警察予備隊の性格は、今の自衛隊にも受け継がれているのではないでしょうか。

と同時に、日本の旧軍人たちは軍隊再建の許可がおりるのを待機し、準備を整えていました。日本の資本家は再軍備と戦争を儲けの手段にしようとし、戦前から生きのびた政治家も旧日本帝国の復活を夢見ているものが少なくありませんでした。つまり、警察予備隊は戦前の軍隊、戦前の体制を受け継いでもいるのです。

警察予備隊はその後、一九五二年、日本が独立を回復すると共に、保安隊に改組され、一九五四年に防衛庁、自衛隊となり、二〇〇七年に防衛庁が防衛省に昇格しました。

第六十一話　憲法九条と自衛隊④

前回の最後に述べたように、二〇〇七年に防衛庁は防衛省に昇格しました。これは何を意味するのでしょうか。これを審議した国会における答弁で、政府は盛んに「看板のかけかえ」に過ぎないということを強調していました。しかし、そうではありません。

まず、これまでの防衛庁というのは内閣府の外局であったのに対して、独立の行政官庁となり、内閣府の統制から離れ、防衛大臣に指揮・監督される新たな軍事組織になりました。予算編成権、閣議請求権、政令制定権を持つようになりました。

それと同時に二〇〇七年十二月に国会を通過した自衛隊法の改定によって、海外活動が本来任務に位置付けられるようになりました。改定前の自衛隊法では第三条で「任務」として「自衛隊は、わが国の平和と独立を守り、国の安全を保つため。直接侵略及び間接侵略に対しわが国を防衛することを主たる任務とし、必要に応じ、公共の秩序の維持に当たるものとする」とされていました。これは憲法第九条２項「陸海空軍その他の戦力は、これを保持しない」にもかかわらず自衛隊を存在させるために、政府が「国を守るための最低限の実力は保持できる」としてきたためです。

改定自衛隊法では次のように新たな任務が付け加えられました。

①わが国周辺の地域における我が国の平和及び安全に重要な影響を与える事態に対応して行なう我が国の平和及び安全の確保に資する活動
②国際連合を中心とした国際平和のための取組への寄与その他の国際協力の推進を通じて我が国を含む国際社会の平和及び安全の確保に資する活動

これまでの自衛隊の海外の活動は、旧自衛隊法では雑則にあたる第百条に列挙された項目でした。これは札幌の雪祭りに自衛隊が巨大な雪像を作るのと同じ位置づけだったのです。自衛隊が本格的に海外での活動を強めていくこと、これが防衛庁が防衛省に昇格したことの真の意味ではないでしょうか。

第六十二話　憲法九条と自衛隊⑤　冷戦の終結

前回は防衛庁が防衛省になったことの意味について述べました。

実は、自衛隊が大きく変化するできごとがその前にもあったのです。それは一九九一年十二月に起こったソ連の崩壊でした。それまで、アメリカ合衆国とソ連は大量の核兵器と大陸間弾道弾などの兵器を持ち、それぞれ多くの同盟国を従えて、一触即発の状態で対峙していました。

日本もまた、安保条約のもとで、この体制に組み込まれ、自衛隊もソ連を仮想敵国として、構えていたのです。

「自由陣営の一員」として「ソ連の脅威」に対峙するというのが、安保条約で日本に求められていた役割でした。日本は「不沈空母」とされ、いざ戦争となったら、対馬、津軽、宗谷の三海峡を封鎖してソ連の潜水艦を日本海に閉じ込めるのが自衛隊の役目でした。

その冷戦の一方の旗頭であったソ連が崩壊し、冷戦は終わったのです。このことを国民が正しく判断できたなら、これまで歴代の政府が唱えていた自衛隊の存在意義は消滅していたはずです。

ヨーロッパでは冷戦の終結を受けて新しい動きが生まれました。一九九〇年十一月に欧州安全保障協力会議三十四カ国がパリに参集し「新欧州のためのパリ憲章」が採択されました。この憲章は「対立と分断の欧州は終わった。われわれのこれからの関係は尊敬と協力に基礎を置くことを宣言する」とうたっています。

アジアも大きく変化しました。「冷戦下の熱戦」ともいえるインドシナ半島での戦闘は、カンボジア内戦を最後に終結しました（一九九一年パリ和平協定）。またアメリカ主導の反共軍事同盟である東南アジア条約機構（ＳＥＡＴＯ）と深く関係して結成されていた東南アジア諸国連合（ＡＳＥＡＮ）は一九九〇年代にベトナムなどが加入し、それまでの反共政治連盟から東南アジアの地域共同体に変身し、ＡＳＥＡＮ地域フォーラムの開設（一九九三年）、東南アジア非核地帯設置条約の締結（一九九五年）によって地域共同体としての結束をゆるぎないものにしています。

東アジアでも、朝鮮半島の南北両国が同時に国連に迎え入れられ（一九九一年）、韓国と北朝鮮との間で「南北和解・不可侵・交流合意書」と「朝鮮半島の非核化に関する共同宣言」が取り交わされました（一九九一年）。また、中国と韓国の国交も樹立されました（一九九二年）。

しかし、ソ連の崩壊についてのアメリカの捉え方は違っていました。アメリカはソ連に勝利し、「唯一の超大国」として世界をリードするというものでした。「ならずもの国家」や「悪の枢軸」、「テロ支援国家」を捜し求め、その巨大な軍事力の保持を正当化したのです。その最初の行動が一九九一年の湾岸戦争です。

日本政府は世界の大勢に背を向けてアメリカとの関係をより深め、自衛隊の活動をさらに広げ、冷戦時代よりも一層強く憲法九条の蹂躙を推し進めていったのです。それについて次回に見ていきたいと思います。

第六十三話　憲法九条と自衛隊⑥　日米安保共同宣言と新ガイドライン

前回は、冷戦の終結によって世界が大きく変化し、日米安保条約の存在意義も失われたことを述べました。

ところが、アメリカのみは別の見方をし、その見方に基づいて、日本にさらに強力な役割を期待し、日本は世界の大勢に背を向けて、アメリカの要求に唯々諾々として従ったのです。

その第一歩が一九九六年、クリントン大統領と橋本首相との首脳会談で発表された「日米安保共同宣言」です。

これを受けて、翌一九九七年九月に「日米安全保障協議委員会」で検討され、両国政府に報告・了承されたのが「新ガイドライン」であり、この文書に突然出現したのが「日本周辺における事態=周辺事態」に共同対処するということでした。

そして、新ガイドライン合意を受けて一九九九年に成立したのが「周辺事態法」です。

これがどういう意味を持つのかを考えるためには、安保条約に立ち返ってみなければなりません。一九六〇年に国民の轟々たる反対のなかで強行採決された新安保条約は次のようなものでした。

それまでの旧安保が単なる基地貸与条約であったのに対して、新安保は第五条でアメリカが攻撃された場合、日本がアメリカを守って戦うことを義務付けました。ただし、「日本国の施政の下にある領域における武力攻撃」に対してという限定がついていました。また第六条で、日本にある基地を使用するアメリカ軍の目的は、「日本の安全に寄与し」、「極東における国際の平和及び安全に寄与するため」となっていて、「極東」とは「大体においてフィリピン以北並びに日本及びその周辺の地域であって、韓国及び中華民国の支配下にある地域もこれに含まれる」というのが、内閣の統一見解でした。

ところが「周辺事態法」にいう「周辺」が「極東」に代わるものなのですが、政府の見解によれば、これは「地理的概念」ではなく「日本の平和と安全に重要な影響を与える事態はすべて周辺事態」だというのです。つまり、安保条約で規定された「日本国の施政下」や「極東」から、世界中に広げられたわけです。

新ガイドラインには、米軍による自衛隊及び民間空港、港湾の使用、自衛隊による後方支援活動なども決められています。

このように見てくると、「日米安保共同宣言」―「新ガイドライン」は安保条約に代わる新しい条約が結ばれたようなものです。それが、国会にも諮られず、大統領と首相によって宣言され、両国の役人によって決められたことになります。

第六十四話　憲法九条と自衛隊 ⑦

一九六〇年の新安保条約改定を推し進めた岸首相はどのように答弁していたでしょうか。

この新安保条約の基本的の考え方として、二つの大きな前提があります。一つは、国連憲章の精神にのっとり、国連憲章のワク内において結ばれておるという前提でありま す。(中略)第二は、日本国憲法のワク内ですべてのことが律せられるということであります。いかなる場合におきましても、この条約の防衛に関するいわゆる実力行使というこ とが行なわれるためには、国連の憲章に違反しての不当な侵略行為が現実に行なわれた、他から不当に武力が行使されて、われわれの平和と安全が害せられたという事実がない限りにおいては、日本の自衛隊の力も、あるいはアメリカの防衛上の実力も、これはやらないというのが建前でございます。

また、こうもクギがさされています。

日本が自衛力を発動し、あるいは日本に駐留せしめておるところの米軍が行動するという場合は、日本に対して武力攻撃が加えられたわけであります。(中略)もう一つ、(中略)日本に駐留しておる米軍が、極東の国際的安全と平和が侵されておる場合において、日本の基地を使用してこれに対抗するという場合があげられております。(中略)今回の条約においては、そういう場合においては、事前協議の対象として、(中略)日本の承諾を得ない限りは米軍は行動できないというふうに、制約が設けられております。(中略)従って、米軍が出動する場合におきまして、極東の平和と安全というものと日本の平和と安全が不可分であるような場合におきましては、われわれはこれに対して承諾を与え、(中略)そういうことに非常に縁遠い問題であるというような場合におきましては、(中略)それに対して拒否する(中略)かように考えております。(中略)極東の平和と安全が日本の平和と安全にいかに緊密な関係にあるといいましても、**日本の自衛隊が日本の領域外に出て行動することは、これは一切許せないのでありますから、**そういう場合において、駐留している米軍が、日本の基地を使用してそうしてこれを排除するということは、あくまでも防衛的であり、日本の安全の上からいって適当なことであって、これによって、一部にいわれているような戦争に巻き込まれる危険があるということは、私は間違っておる、こう思うのであります。

条約改定の中心的存在であった岸首相の答弁ですから、最も正統な解釈だと思います。孫の安倍晋三氏はもう少しおじいさんの答弁を勉強したらどうでしょうか。尊敬しているということですから。

第六十五話　憲法九条と自衛隊⑧　安保条約さえ逸脱

前回は、一九六〇年の安保条約改定で大きな役割を果たした当時の岸首相の国会での答弁を引用しました。スペースの関係で、何の説明もすることができませんでしたので、今回少し説明します。

一九六〇年の安保条約改定に対しては、大規模な反対運動が起こりました。政府はこのような反対運動の再来を恐れたのか、その後は安保条約自体は改定せず、政府間の取り決めで新しい条項を盛り込んでいます。まず一九九六年、橋本・クリントン首脳会談で「日米安保共同宣言」が発表され、「新ガイドライン」が決定されました。そしてこの新ガイドラインを実行するために、一九九九年、周辺事態法が制定されました。この流れは安保条約さえ大きく逸脱しているといわざるをえません。

例えば、岸首相の答弁によれば、日本に駐留しているアメリカ軍が行動するのは、第一に日本に対して武力攻撃が加えられている場合と、第二に、極東の平和と安全が侵されている場合です。そして、「極東」とは政府統一見解によれば「大体において、フィリピン以北並びに日本及びその周辺の地域であって、韓国及び中華民国の支配下にある地域もこれに含まれている」とされています。イラクやアフガニスタンで在日米軍が自由に軍事行動をとっていいということにはなっていないはずです。

また、岸首相は「極東の平和と安全が日本の平和と安全にいかに緊密な関係にあるといいましても、日本の自衛隊が日本の領域外に出て行動することは、これは一切許せないのであります」とも答弁しています。

こうした岸首相の答弁から考えると、世界中で行なわれるアメリカ軍の軍事行動を自衛隊が支援するというのは、明らかに安保条約からの逸脱です。

「周辺事態法案」の審議の際、当時の自民党橋本内閣の高村外務大臣は次のような答弁をしています。「安保条約というのは日米間の条約で、まさにそこに規定があるものは条約上の義務としてやらなければならない。（しかし）義務としてやらなければいけないものには規定されていないけれども、それ以外のことを何も、日本が主権国家として、みずから安保条約上の信頼性を高めるために何かをやっていけないということはないわけで……」。安保条約から逸脱していることを自ら告白しています。

「周辺事態法」は閣議決定から成立まで一年一ヵ月かかりました。それだけ法案の中味に問題があったということでしょう。ところがそこに「神風」が吹いたのです。一九九八年八月におきた「テポドン打ち上げ」と一九九九年三月の「能登沖不審船事件」です。これによって審議は一気に進みました。当時官房長官だった野中広務氏は次のように語っています。

私は、（中略）官房長官在任中に北朝鮮の不審船事件に遭遇し、小渕総理の許可を得て史上初の海上警備行動を海上自衛隊に出した張本人です。けれどもあの時、北朝鮮からの麻薬を運ぶ船は常に日本に来ていたと思います。後から考えますと、なぜあの時に発覚したのか、未だに不思議でなりません。あの時は防衛庁の調達業務の不祥事が次から次へと出てきて、ガイドライン法案が国会審議を混乱に陥れている時期でした。日本人はあの不審船で一挙にそういう問題から目を閉じてしまうことになりました。

第六十六話　憲法九条と自衛隊⑨　自衛隊の海外派兵㈠

これまで、冷戦の終結を機に日米安保共同宣言→新ガイドライン→周辺事態法の流れで、自衛隊が「専守防衛」から「米軍に協力した海外派兵」へ大きく転換していく動きを見てきました。

次に、実際の自衛隊員の海外派遣がどのように行なわれてきたかを見てみましょう。自衛隊員の海外派遣には、国連の要請にもとづく「国際平和協力活動」（A）とアメリカ政府の要請にもとづく「テロリズムの攻撃に対応する活動」や「人道復興支援活動」（B）に大別されます。

一番最初は、Bにあたるもので、一九九一年、湾岸戦争後に海上自衛隊を派遣して機雷除去の活動をさせました。この時は何の法律的裏付けもなく行なわれました。機雷除去というのは、戦争中であれば当然自衛隊には禁じられている戦争行為そのものですが、政府は、「わが国船舶の航行の安全を守るため」として強行しました。

なお、湾岸戦争に際して日本は百三十億ドル（一兆七千億円）もの巨費をアメリカに提供しましたが、「金だけ出して人を出さないのは」などと言われて、それがイラク戦争に際して自衛隊派遣の道につながります。二番目がAにあたるもので、一九九二年、国際平和協力法にもとづいて、国連平和維持活動（ＰＫＯ）として主として陸上自衛隊がカンボジアに派遣されました。自衛隊からは施設大隊及び停戦監視要員が派遣されました。同時に、自衛隊以外からは文民警察要員及び選挙監視要員の派遣も行われました。

今度の主役は陸上自衛隊なので、戦闘行為（武器の使用）が問題になります。初めての陸上部隊の派遣ということで、世論を刺激しないように、携行する武器は拳銃及び小銃のみとされました。

日本人の国連の活動に対する信頼は高く、政府はそれを利用してAの活動を突破口として自衛隊の海外派遣を推し進めてきました。

なお、武器の使用については、国民の抵抗感が薄れるのを見透かしたように、携行する武器も次第に大型化し、使用基準も緩められていきます。最近では「駆けつけ警護」といって、他国や国連職員、民間人が襲われた場合、自衛隊が駆けつけ、それらの人々を助けるためにたたかうことを認めようという、ＰＫＯ法改正の動きも出ています。その場合、相手が国や国に準ずるもの（テロ組織）であった場合には、戦闘行為ということになります。

その後も自衛隊の海外派遣は続きました。ＰＫＯ法に基づくものとしては、ルワンダ、東ティモールなど。二〇〇二年、海外で新年を迎えた自衛隊員は二千人以上になりました。自衛隊の海外派遣は常態化してきました。そこに二〇〇一年九月同時多発テロが起こり、アメリカ政府の強い要請に応じて、新たにテロ対策特別措置法が作られ、アフガニスタンを攻撃するアメリカ軍を支援するために海上自衛隊をインド洋に派遣し、イラク復興支援特別措置法に基づいて陸上・航空自衛隊が派遣されました。明らかにこれらは戦闘を行なうアメリカ軍を支援するもので、一種の戦闘行為です（航空自衛隊がアメリカ兵を輸送していたことは憲法違反であると名古屋高裁が断じました）。法律の名称をやれ「テロ対策」とかやれ「復興支援」とすることによって、これらが戦闘行為であることを国民の目から隠しているのです。

第六十七話　憲法九条と自衛隊⑩　自衛隊の海外派兵㈡

これまで、自衛隊の海外派兵がどのようにして行なわれてきたかを見てきました。

まず言えるのは、アメリカの強力な要請が出発点になっていることです。アメリカ政府は大変な財政難にあえいでいます。いま（二〇一二年）行なわれている大統領選挙戦でも大きな争点になっています。そうした状況の下で、膨大な軍事費にもメスを入れざるをえなくなり、その代わりに日本に経済的な負担を求めたり（思いやり予算、海兵隊グァム移転費用負担など）、軍事的な肩代わりを求めているのです。イラク戦争の時には独仏がそっぽを向いている中で小泉首相がいち早くイラク戦争を支持し、それならばとアメリカが「ブーツ・オン・ザ・グラウンド」（陸上部隊を派遣せよ）と命じたことから、陸上、航空自衛隊の派遣が始まったのです。東京新聞の半田滋記者は次のように書いています。

四月一日から翌二月一日まで朝霞駐屯地で行なわれた日米共同方面隊指揮所演習は異様な盛り上がりをみせた。「緊密な日米関係」を演出した米軍は、陸軍、海兵隊の将官クラスを大量動員したほか、米軍のアピールを受けた米テレビ局が取材に来る活況振りをみせた。そうした光景は、自衛隊初の「戦地」派遣によって自衛隊が米国から「一人前の軍隊」と評価されたことを表している。（中略）米側指揮官で第一軍団司令官のソリアノ中将は朝霞駐屯地に着くなり「日米同盟は確固たるものになった」とあいさつし。「心からありがとう」と陸自幹部の手を握る将官もいた。（『「戦地」派遣・変わる自衛隊』岩波新書）

日本の自民党の政治家（そして最近は民主党の政治家も）はなぜか、アメリカには弱く、何とかしてその指示に従おうとします。しかし、そこに「憲法九条」が立ちはだかります。そこで苦し紛れの解釈をして、アメリカの意向に沿おうとします。憲法九条2項には「国の交戦権はこれを認めない」とあります。だから、それまで自民党政府は『戦争状態』のところには自衛隊を派遣しない」といってきました。当時のイラクはどう見ても「戦争状態」でした。そこで、小泉首相は「戦争状態のところには自衛隊は派遣しないのだから、自衛隊が派遣されたところは戦争状態ではない」と珍答弁をしています。実際には、航空自衛隊がアメリカの兵士を輸送してたびたび離着陸したバグダッドがいかに危険なところかは、当時の久間防衛大臣も国会答弁で認めています。

政治家の都合で「戦地」に派遣される自衛隊もたまったものではありません。そこで、攻撃されたときに応戦する武器の携行を主張します。その武器がどのようにエスカレートしてきたか次に掲げます。

カンボジアＰＫＯ　拳銃・小銃

モザンビークＰＫＯ　拳銃・小銃

ルワンダ難民救援活動　拳銃・小銃・機関銃一丁

東チモールＰＫＯ　拳銃・小銃・機関銃十丁

イラク復興支援　拳銃・小銃・機関銃・無反動砲・対戦車弾その他の装備（種類・数量制限なし）

（前田哲男『自衛隊　変容のゆくえ』岩波新書）

国民は、「攻撃された時には反撃して自分たちの命を守るのは当然かも」と自衛隊員に同情し、それを梃子に武器の携行、交戦が正当化されるおそれがあります。（もともと戦争状態のところに派遣しなければそういう心配はないのですが）

政治家はアメリカのいうことを聞いて自衛隊を派遣してしまえばそれで終わりです。派遣した自衛隊の行動をきちんとコントロールしているわけではありません。そのなかで、自衛隊の幹部は着々と海外活動のノウハウを蓄積しています。

これまでのところ、幸いにも自衛隊の海外派兵によって戦死者は出ていませんし、派遣先の人を殺害するといったことも起こっていません。（もちろん、派遣された自衛隊員の大変な苦労もあったでしょう）。しかし、過労による死亡も起こっていますし、自殺者はかなりの数にのぼっています。

二〇〇七年十一月の時点でイラクから帰還した自衛隊員の在職死は三十五名、うち自殺者は十六名です。それより古い二〇〇六年の時点での自殺率（十万人あたり）は78・9で一般隊員の自殺率38・6の二倍になっています。一方、米陸軍の自殺率は二〇〇九年度で20・2です。自衛隊員の自殺率は、アフガニスタンやイラクで過酷な任務についている米兵の四倍近いというのも驚きです。

第六十八話　憲法九条と自衛隊⑪　自衛隊の海外派兵㈢

これまで見てきたように、アメリカの要求に押されて自衛隊の海外派兵が次第に強められてきました。自民党をはじめとする政治家はアメリカの要求に応じながら、憲法の解釈を歪め、海外派兵を進めてきました。しかし、憲法九条があるかぎり、アメリカ軍と一緒に戦闘行動を行なうことは出来ませんでした。

政治家は海外派兵してしまえばそれでおしまいで、それから先は自衛隊の幹部にお任せです。彼らはこれまでの海外派兵で様々な経験を積み、自信を深めています。

例えば、最初にイラクに派遣された陸上自衛隊は、自衛隊員自らが復旧工事を行うことになっていましたが、派遣人員の上限を六百人と閣議決定されたため、施設隊はわずか五十人ということになりました。それに現地の人々を雇用して工事を行なったほうが治安対策になります。しかし、そのための予算は全く計上されていませんでした。そこで、「ヒゲの隊長」こと佐藤正久一佐は密かに帰国し、さまざまなロビー活動を行い、「諸器材等維持費」の名目で資金を調達し、これでイラク人を雇用して工事を進めたのです。「諸器材等維持費」の「等」を使ったのですが、これはかなりひどい拡大解釈です。帰国するまでにその費用は二十八億円にのぼりました。さらにODA（政府開発援助）から約二百四十億円が使われました。

こうした活動を通じて、自衛隊の幹部は自信を深めています。アメリカ兵を危険なバグダッドに空輸し、「空のタクシー」とアメリカ兵から言われた航空自衛隊の空輸活動を指揮した織田邦男元航空支援集団司令官（空将）は、講演で「ようやく自衛隊は若葉マークが取れた」と自信を示しています。

今のところ、自衛隊が海外で直接的な戦闘行動を行なうところまでは行っていません。しかし、アメリカ軍との演習では、すでに二〇〇六年ごろから本格的な訓練が行なわれています。

例えば、二〇〇六年の二月から三月にかけて岡山県の日本原演習場や滋賀県の饗庭野《あいばの》演習場でアメリカ海兵隊と陸上自衛隊の共同訓練が行なわれました。これに参加した海兵隊はその少し前までイラクにいて数多くの襲撃を行なった部隊で、「襲撃訓練は、イラクの都市でわれわれが行っていた作戦をフラッシュバック（思い起こさせた）」と海兵隊員は語っています。

岩手県の岩手山演習場で行われた演習にはアフガニスタンに派遣された陸軍部隊が参加しました。これに参加した陸軍の小隊長は「今日の作戦環境の下で彼ら（自衛隊）はより攻撃的役割を担うようになっている。彼らが海外に出動し、任務を遂行するようになったら出くわすことになることをわれわれは教えている」

二〇〇二年に創設された陸上自衛隊西部方面普通科連隊は「普通科」と名乗っていますが、「陸自版海兵隊」の異名をとり、アメリカの海兵隊員から指導を受けて訓練をしている特殊部隊です。アメリカの海兵隊は、敵地に強攻上陸して橋頭堡を確保するのが主たる任務です。専守防衛を任務とする自衛隊にそのような任務は必要ないはずです。「東京新聞」によれば、今年（二〇一二年）、グアム島で、アメリカ海兵隊と陸上自衛隊が共同訓練を行いました。ヘリコプターで移動し、目的の島に近づいたらゴムボートに移って上陸する訓練だったということです。このように、明文改憲によって憲法九条をなくしてしまうか、あるいは解釈改憲によって、集団的自衛権が行使できるとされたなら、すぐに自衛隊の海外派兵ができる準備は着々と進められているのです。

第六十九話　安倍内閣と憲法の危機

これまで十一回にわたって「憲法九条と自衛隊」というテーマで述べてきましたが、今度の総選挙で安倍内閣が誕生するという事態が生まれましたので、今回は話題を変えて「安倍内閣と憲法の危機」というテーマでお話ししたいと思います。

安倍晋三氏は自民党きっての右翼で、二〇〇六年の首相就任時には「自分の首相在任中に憲法を変える」と明言し、憲法改正手続を定めた国民投票法を強行採決し、教育基本法も改変しました。

今回の総選挙にあたっては、公約で「憲法改正により自衛隊を国防軍として位置づける」と明記しました。（もっとも、選挙中はこのことにはほとんどふれませんでしたが）。

今回の選挙で自民党と維新の会だけで憲法改正の発議に必要な三分の二を超えましたが、参議院では半数にも満たない状態です。今年（二〇一三年）夏の参議院選挙で当然三分の二超えをめざすでしょうが、そのためにも参院選が終わるまでは余り憲法改正で強硬な態度はとらないかもしれません。

いずれにしても、最初から九条を狙い打ちにするのではなく、まず九十六条の改正を狙ってくるでしょう。つまり「憲法の改正の発議には総議員の三分の二の賛成が必要」となっているのを、「過半数」に変えて、憲法改正のハードルを低くし、それから九条に手をつけようとしています。

しかし、各種の世論調査でも、当面の日本で緊急に解決すべき課題として憲法改正をあげる意見は少数です。消費税増税問題、経済再建と雇用の拡大、TPP、脱原発、オスプレイ問題、普天間基地移設問題こそいま緊急に解決しなければならない課題です。

それに、自民党が大勝したといっても、有権者比でみると小選挙区は24%、比例代表は15%の支持しかないのです。小選挙区で四人に一人、比例代表選挙で六・七人に一人の国民の支持しか得ていない政党が国の根幹に関わる改憲を提唱できるのでしょうか。

そうは言っても、安倍内閣はしゃにむに改憲を推し進めてくるに違いありません。憲法九条を守ろうという人々は、憲法九十六条を含めて、気を引き締めて国民への働きかけを強めていかなければならないと思います。

同時に、安倍内閣は従来戦後の歴代政府でさえ認めてこなかった「集団的自衛権」を認める、解釈改憲を推し進める可能性が極めて大です。「集団的自衛権」とは、たとえ日本が直接攻撃されなくても、同盟国（つまりアメリカ）が攻撃されたり、そのおそれが生まれた時には、日本も武力が行使できるというものです。

これまで「憲法九条と自衛隊」でも述べてきたように、アメリカ軍と自衛隊の共同訓練は陸海空の自衛隊でどんどん進められており、いつでも実戦ができる準備が整えられています。こうした解釈改憲を許さないたたかいも重要な局面を迎えています。

第七十話　憲法九条と自衛隊⑫　自衛隊の装備について㈠

今回は少し話題を変えて、自衛隊の装備について考えてみたいと思います。

自衛隊ができた時、「戦前の軍隊の復活」と見られ、国民の反発が強まることを怖れて、特別な用語が作られました。例えば、戦車のことを最初は「特車」と呼びました。(現在では戦前・戦中の呼称に戻っていますが)。軍隊の地位を示す言葉は、昔は、大将・中将・少将・大佐・中佐・少佐・大尉・中尉・少尉etc. となっていましたが、自衛隊では一佐・二佐・三佐というふうになっています。

では、軍艦の名称はどうでしょうか。私は正直なところ全く詳しくないのですが、戦前・戦中は「大和」などの「戦艦」や「巡洋艦」、「航空母艦」、「駆逐艦」「潜水艦」など、実に多種多様な軍艦があり、名称がありました。現在の海上自衛隊はどうでしょうか。「大和」や「武蔵」のような戦艦はその最後が示すように、航空兵力の餌食になるだけで、完全にその存在意義がなくなったので、装備としていまではないのは当然です。主な軍艦は「護衛艦」と「潜水艦」です。この「護衛艦」というのは戦前にはなかった名称です。アメリカ軍には「護衛艦」という名称はありません。そのかわりにあるのが「駆逐艦」です。実は英語ではどちらもdestroyerです。英和辞書をひくと、この言葉の意味として、「①破壊者②駆逐艦」とあります。つまり、世界の軍隊では「駆逐艦」というのが普通の呼び方で、日本の「護衛艦」というのは、特殊な表現です。

駆逐艦というのは、もともとは魚雷を発射する水雷艇を駆逐するということから名づけられたものですが、やがて、自ら魚雷や対潜水艦用の爆雷を装備したりして、対艦、対空、対潜能力を持つようになった軍艦で、戦艦などの大型軍艦がなくなった戦後は軍艦の主力になっています。

現在、有名なのは「イージス艦」です。同じものをアメリカは「イージス駆逐艦」と呼び日本は「イージス護衛艦」と呼んでいます。イージスシステムは高度なコンピュータによって、敵を正確に探知し、情報処理し、一度に多くの目標と交戦できる対空射撃能力を持っています。日本には現在「こんごう」型ミサイル護衛艦が四隻、あたご型ミサイル護衛艦が二隻就役しています（二〇一三年現在）。「あたご」は二〇〇八年二月に房総半島沖でまぐろはえ縄漁船「清徳丸」に衝突、沈没させ、二人が行方不明になるという事故を起こしました。満載排水量が一万トンという、かなり大型の軍艦で、一隻千四百億円といわれています。

それにしても、なぜ日本では「護衛艦」と称するのでしょうか。戦前の名称とは違ったものを考え出したのでしょうが、名づけた人の意図はわかりません。二〇〇一年九月十一日、アメリカで同時多発テロが起きた時、石川亨海上幕僚長が横須賀基地に電話をかけ、「われわれに何かできる事がありますか」とたずねたのに対し、現地の司令官は「海からのテロが怖い」と助けを求めました。幕僚長は十二日未明、東京湾と佐世保湾に護衛艦を派遣しました。このようにアメリカの艦船を護衛することから護衛艦と名づけたのでしょうか。

余談ですが、幕僚長が東京湾と佐世保湾に護衛艦を派遣したのは、自衛隊法では「海上警備行動」と呼ばれるものにあたり、防衛大臣が発令しなければできないはずで、海上幕僚長の独断専行と言わなければなりません。シビリアン・コントロールの上から大問題です。

第七十一話　憲法九条と自衛隊⑬　自衛隊の装備について㈡

［迎撃ミサイルについて］

北朝鮮が弾道弾ミサイルを発射するたびに、華々しく登場するのが、パトリオット（ＰＡＣ３）という陸上配備の迎撃ミサイルと前回取り上げたイージス艦搭載のＳＭ３という迎撃ミサイルです。

一九九一年の湾岸戦争のとき、イラクが発射するスカッド・ミサイルに向かってパトリオットが次々に打ち上げられ、空中で炸裂する様子がテレビで報道され、人々はそれがスカッド・ミサイルに命中して炸裂したと思いました。しかし、パトリオットは命中しなくても炸裂し、その破片で相手のミサイルに損害を与えるものであって、実際には四分の一程度しか迎撃できなかったといわれています。

もちろん、あれから二十年以上が経過し、技術の進歩も著しいはずで、あのときのPAC1が現在ではPAC3になっていますから、命中精度は上がっているとは思われますが、なにしろ、ものすごい高速で飛翔する物体をとらえるわけですから、そう簡単ではないはずです。

二〇〇九年五月に北朝鮮が日本列島を横断して太平洋に向けて弾道弾を発射したときは、秋田県に三箇所、岩手県に二箇所、首都圏では市谷、朝霞、習志野にPAC3が配置されました。

昨年（二〇一二年）十二月に、今度は南に向けて発射したときは、沖縄県の宮古島と石垣島に配置されました。パトリオットを操作するのは航空自衛隊ですが、この時は陸上自衛隊からも、宮古島に二百人、石垣島に四百五十人、与那国島に五十人、多良間島に五人派遣されたということです。

なお、SM3という迎撃ミサイルを搭載したイージス艦三隻も東シナ海と日本海に派遣されました。

自衛隊について大変詳しい東京新聞の半田滋編集委員によれば、北朝鮮の弾道弾の軌道は多良間島の上空を通っており、宮古島や石垣島からは四十キロとか百キロ離れていて、半径二十キロの射程距離のPAC3では多良間島を守ることはできないということです。防衛大臣が厳かに破壊措置命令を発していながら、実際にはそういう体制にはなっていなかったのです。

冷戦時代はソ連に対抗するということから、北海道に中心が置かれていましたが、最近では、中国と対峙する体制を作るために、南西諸島に自衛隊を派遣することが狙われています。しかし、沖縄県の人々には第二次大戦中の辛い経験から、戦前の日本軍に対する印象は良くなく、なかなか自衛隊を派遣することができませんでした。北朝鮮のミサイル発射は自衛隊を南西諸島に派遣する絶好の理由を与えてくれたわけです。

なお、韓国は今年（二〇一三年）一月三十日に南に向かって人工衛星搭載ロケットを打ち上げ、成功しました（もっとも、一段目のロケットはロシア製ですが）。韓国は過去に二回打ち上げに失敗しています。自衛隊が迎撃ミサイルの配備をしたのは、北朝鮮の打ち上げが失敗し、途中で日本に落下した場合に備えてということでしたから、むしろ韓国のロケット打ち上げに対してこそ、迎撃ミサイルの配備が必要だったはずですが、全く何も行われなかったのは不思議です。

いずれにしても、パトリオットの射程距離は二十キロですから、日本全土を守るためには、大変な数のパトリオットを配置しなければならず、防衛予算がいくらあっても足りないでしょう。

第七十二話　憲法九十六条について

ここ数回、自衛隊の装備について述べてきました。まだいくつか述べたいことがありますが、九十六条が脚光を浴びているので、このことについて述べます。

これについては第四十一話で二〇〇五年版の自民党草案について述べていますが、改めて二〇一二年版にもとづいて考えてみます。

九十六条とは次のようなものです。

①この憲法の改正は、各議院の総議員の**三分の二以上**の賛成で、国会が、これを発議し、国民に提案してその承認を経なければならない。この承認には、特別の国民投票又は国会の定める選挙の際行はれる投票において、その過半数の賛成を必要とする。

②憲法改正について前項の承認を経たときは、天皇は、**国民の名で**、この憲法と**一体を成すものとして**、直ちにこれを公布する。

自民党の草案（**二〇一二年版では百条**）は次の通りです。

①この憲法の改正は、**衆議院又は参議院の議員の発議により**、**両**議院の**それぞれの**総議員の**過半数**の賛成で国会が議決し、国民に提案してその承認を得なければならない。この承認には、**法律の定めるところにより行われる**国民の投票において**有効投票数**の過半数の賛成を必要とする。

②憲法改正について前項の承認を経たときは、天皇は、直ちに憲法改正を公布する。

第一に、発議者が国会から議員に変更されています。第二に、国民投票が「有効投票数の過半数」となっていて、分母が有権者数や総投票数でない点で、改正条件が緩やかになって

います。第三に、現憲法では総議員の三分の二以上の賛成で国会が発議することになっていますが、自民党の草案では、これを総議員の過半数の賛成に変え、改正のハードルを大きく下げようとしています。第四に、天皇が公布する際、「国民の名において」が削除されています。これは公布する名義が国民から天皇に変えられているということです。第五に、「一体を成すものとして」という文言が削除されています。これは、現在の憲法からかけ離れた改正を可能にするためと思われます。

自民党が出した『Q＆A』は、「国民に提案される前の国会での手続を余りに厳格にするのは、国民が憲法について意思を表明する機会が狭められてしまう」と言っています。これは一見もっともらしく、うっかりすると、「なるほど」と思わされてしまいそうです。

しかし、自民党の憲法草案は天皇の元首化など、国民主権を形骸化しようとしています。また、自民党は原発問題の住民投票などに消極的でした。それが、この期に及んで国民投票の必要性を強調するのはご都合主義もいいところではないでしょうか。

また、九十六条は世界的にみても改正しにくい憲法になっていると主張しています。これは全く偽りです。韓国、ドイツ、イタリアなど、発議にはすべて国会議員の三分の二以上の賛成が必要です。アメリカでは、それに加えて四分の三以上の州議会の賛成が必要です。また、スペインでは三分の二以上の賛成で改正が決議されると、議会は解散され、新たに選出された議会で三分の二以上の賛成で議決されてようやく国民投票にかけられます。

『自民党Q＆A』は主要国では戦後数多くの改憲が行われている（米六、伊十六、仏二十七、独五十九）とも言っていますが、それぞれ変えなければならないことがあったから変えられたのであって、変えなくて済んだというのは、それだけ日本国憲法が素晴らしいからではないでしょうか。ドイツの場合、戦後東西に分裂していたのが統一されたこと、連邦制に伴う改憲、ＥＵへの加盟に伴う改憲が行われたために特に多くなっているので、日本とは単純に比較することはできません。

東京新聞でジョン・ヘイリー教授が次のように述べています。「憲法を修正することが難しい。その難しさを乗り越えたものだけが、正当性を与えられる」。自分で勝手にハードルを下げて、自分たちの主張を通そうとするのは実に姑息なやり方といわざるをえません。

第七十三話　集団的自衛権容認解釈

憲法をめぐる情勢がめまぐるしく変っています。安倍首相は最終的には憲法九条の改定を狙っていますが、まずは解釈改憲の道をすすもうとしているようです。そこで、今回はこのことについて述べてみたいと思います。

＊　＊　＊

具体的には、「集団的自衛権」についての憲法解釈の変更です。

自衛権には「個別的自衛権」と「集団的自衛権」があります。「個別的自衛権」というのは、自国をまもる権利です。それに対して、「集団的自衛権」というのは、同盟を結んでいる他国(日本の場合はアメリカ合衆国)が攻撃された場合、自国が攻撃されていなくても、反撃に出ることができるという権利です。

これまで、歴代の自民党内閣は、「自衛のための最小限度の実力は持てる」と九条を解釈して自衛隊を「合憲」としてきましたが、「集団的自衛権」については「持ってはいるが、憲法上行使できない」としてきました。安倍内閣は、これまでの自民党内閣の解釈を変更して、「集団的自衛権」を行使できるとしようとしているのです。

すでに第一次安倍内閣のときに、有識者による懇談会(といってもメンバーは集団的自衛権容認論者ばかりで最初から結論は決っているようなものでした)が集団的自衛権容認の報告書を出しましたが、安倍氏が政権を投げ出し、次の福田首相は棚上げしてしまいました。この懇談会を復活させ、再び集団的自衛権容認の方向に行こうとしています。

その場合、問題になるのが、法制局長官です。この役職は法案などについて、専門家の立場から解釈を示す役目です。これまでの長官はすべて集団的自衛権を容認しない解釈を述べてきました。また、これまでは法務、財務、経産、総務の各省から法制局に入り、次官をへて長官に就くのが基本でした。ところが、安倍首相は外務省出身で(駐仏大使)集団的自衛権容認派の小松一郎氏を次官を経ずに長官に任命しました。この人事は、安倍首相が集団的自衛権容認に解釈を変更する布石と考えられます。

ところで、安倍首相は懇談会に諮問するに当たって、①自衛艦とアメリカの艦船が並行して航行しているとき、米艦がミサイル攻撃を受けた場合、②北朝鮮がアメリカを攻撃する弾道弾を発射し、日本上空を通過する場合、③ＰＫＯに参加していて他国の軍が攻撃された場合にこれを救援する「駆け付け警護」、④武力行使する他国軍への戦闘地域での輸送・医療などの後方支援、という四つの類型を例示して集団的自衛権が容認できるかどうかを聞いています。これらの類型は、「それなら、自衛隊が他国のために武力行使するのもやむをえないか」と国民に思わせるために挙げられたものですが、本当のねらいは、アメリカ軍と世界のいたるところで、共同の戦闘行動をとれるようにすることです。ところが、懇談会の報告書は四つの類型にかぎらず、一般的にすべての場合に集団的自衛権の行使を容認するようです。そうだとすると、自衛隊は世界のいたるところで、アメリカ軍と戦闘行動ができることになります。

安倍内閣は、さらに進んで「国家安全基本法」を制定し、集団的自衛権の行使を容認する解釈を法律の形でより強固なものにしようとしています。昨年（二〇一二年）七月に自民党総務部会がまとめた国家安全基本法案（概要）には、その第十条で「我が国、あるいは我が国と密接な関係にある他国に対する、外部からの武力攻撃が発生した事態であること」とあります。

このようなやりかたは、憲法の条文をそのままにしておいて、解釈や法律で変えてしまおうという「裏口入学」ならぬ「裏口改憲」ともいうべきずるいやり方だと言わざるをえません。

第七十四話　自衛権という考え方

随分前のことになりますが、この連載の第十四話（二〇〇五年十月号）で、九条が生まれた歴史的背景を述べた際、人類にとって戦争がどのように捉えられてきたかを述べました。もちろん戦争では大勢の人が残酷なやり方で死ぬのですから、否定的に見る人はずっと昔からいたはずです。また、「正しい戦争」「不正な戦争」という見方もあったでしょうが、国内における個人の争いと違って国家と国家の争いである戦争の場合には、国家の上に立つ公的機関はなく、どちらが正しいかを判定することはできません。従って、戦争は長い間、国家間の争いに決着をつける手段となってきたのです。

しかし、二十世紀に入って、戦争の被害が大きくなるにつれ、戦争をなんとかしようという考えが次第に強くなってきました。その結果が国際連盟や不戦条約に結実したのです。

第一次大戦の反省に立って国際連盟は何とか戦争を防止する仕組みをつくろうとしました。そのため、まず規約の前文で「締約国ハ戦争ニ訴ヘサル義務ヲ受諾」するとしました。さらに締約国が戦争をしなくても紛争が解決できるようにするために、国際裁判および連盟理事会による平和的な解決という方法を用意しました。戦争をしないという義務・約束に反して戦争をする国が出た場合には、他の全ての連盟加盟国に対して戦争に訴えたとみなし、連盟および連盟加盟国が、戦争を含む対抗手段をとる、と定めたのです。これを集団的安全保障といいます。

一九二八年に成立した不戦条約（戦争放棄に関する条約）はさらに進んで、国際紛争を解決する手段として戦争に訴えることを非とし、国家の政策の手段として戦争を放棄することを宣言しました。ここではじめて戦争が違法なものであるという考えが国際条約のうえに登場したのです。ただし、二つの場合が例外とされました。第一が自衛権（つまり戦争を仕掛けられた国が戦争によってこれに対抗すること）、第二に、条約に違反した国に対しては戦争に訴える権利があるということでした。

つまり、戦争を違法とする考えが登場した段階で、自衛権（今日の言葉で言えば個別的自衛権）を認めるという考え方が生まれたのです。

ただし、自衛権の行使ならどんなことをしてもいいということではありません。①急迫不正な侵害があること、②その侵害を排除するうえでほかに手段がないこと、③排除するための実力行使は必要最小限度であること（つまりいま評判のテレビドラマ「半沢直樹」の決め台詞「倍返しだ」は国家間の争いではダメなのです）。

では、いま問題になっている「集団的自衛権」という考え方はいつ登場したのでしょうか。これは比較的歴史が新しく、一九四五年十月に成立した国際連合の憲章に始めて出てきたのです。

国際連合は戦争を違法なものとし、それを敢えて行ってきた国に対しては、最初は非軍事的措置、それがダメな場合には軍事的な措置をとることにしています。そしてこうした措置を敏速にとるために、総会ではなく安全保障理事会（安保理）が決定することになっています。その安保理には常任理事国と非常任理事国がありますが、前者には「拒否権」が認められています。どこか一国だけでも反対すれば決定はできないということです。別の見方をすれば、多数決で押し切るのではなく、「満場一致」制で物事をきめようということです。積極的に見ると、日独伊のファシズム国と戦ってきた連合国はアメリカ合衆国とソ連のように考え方や体制が随分違う国が協力してきました。このやり方を戦後世界にも生かしていこうということでした(しかし、共通の敵の敗北に伴って米ソの対立が次第に激しくなりました)。他方、拒否権は、アメリカにとっては安保理によってアメリカの行動の自由を奪われないようにするものでもありました。ソ連にとっても、少数派のソ連が孤立するのを防ぐために拒否権は有効でした。こうして大国の拒否権の行使で安保理が迅速な決定ができないことが予測されるなかで、中南米諸国がチャプルテペック決議を採択しました。決議はある国によるいずれかの国に対する攻撃を米州全体に対する侵略とみなし、軍事的手段を含む対抗措置を集団的にとることを定めたのです。アメリカはもともとモンロー主義（アメリカ大陸に対するヨーロッパ諸国の干渉を拒否し、アメリカが独占的に支配する）をとっていましたから、この動きを歓迎し、この決議が国連憲章に取り入れられ、「集団的自衛権」という考え方がはじめて国際条約に登場したのです。

国連憲章第五十一条には「この憲章のいかなる規定も、国際連合加盟国に対して武力攻撃が発生した場合には、安全保障理事会が国際の平和及び安全の維持に必要な措置をとるまでの間、**個別的又は集団的自衛の固有の権利**を害するものではない」とあります。

第七十五話　憲法九条と自衛隊⑭　自衛隊の装備について㈢

改憲に突き進む安倍内閣の登場でにわかに緊迫した状況になってきたため、ここしばらく、憲法九十六条や解釈改憲（集団的自衛権容認）について述べてきました。ここで元に戻って、自衛隊の装備についてもう少し考えてみたいと思います。

自衛隊の中でも最も戦力の増強が著しいのが海上自衛隊です。湾岸戦争があった一九九一年の海上自衛隊の艦艇の総トン数は三十一万九千トンでしたが、二〇〇五年には四十三万八千トンに達しています。十五年間に37％増加しています。（もっと最近のデータではもっと増加しているに違いないのですが、データが見つかりませんでした）。

具体的には、二〇〇四（平成十六）年に建造されたヘリコプター搭載護衛艦「ひゅうが」は基準排水量一万三千九百五十トン、全長百九十七ｍ、艦橋が右舷に寄り、艦首から艦尾まで全通した飛行甲板をもっていて、ほとんど空母といってよい外見をしています。今年（二〇一三年）八月に進水した「いずも」はさらに大きくなり、基準排水量一万九千五百トン、全長二百四十八ｍで自衛隊の次期主力戦闘機Ｆ３５の離着艦、格納が可能といわれています。

旧日本海軍の空母「飛龍」（一万七千三百トン、全長二百二十七m）を上回るものです。

艦船は一定の時間がたつと老朽化し、新しく建造された艦船に交替します。ところが、新しい艦船は代替とはとても言えないほど巨大化している場合が多いのです。たとえば、「あつみ」という輸送艦（千四百八十トン、武装した兵員百三十名を輸送）がありましたが、一九九八年に除籍され、この後継として建造されたのが「おおすみ」ですが、これは八千九百トン、武装兵員三百三十名の輸送が可能とされています。排水量にして六倍、輸送能力にして三倍になるものを「後継」というのは本当におかしいのではないでしょうか。

おそらく「あつみ」は対ソ戦を想定していた冷戦時代の作戦で本州から北海道への兵員の輸送を想定していたのに対し、「おおすみ」は海外に兵員を送るためにつくられているのだと思われます。

憲法九条が明文改憲されるか、集団的自衛権を認めるように解釈が変更されるかした場合に、アメリカの要請に応じて、自衛隊員を地球上のあらゆるところへ送り込む準備は着々と進んでいるのです。しかも、こうした重要な装備の変更が自衛隊のごく上層の人々で決められ、国会でも十分審議されないのは、戦前よりもひどい話です。

第七十六話　憲法九条と自衛隊⑮　自衛隊の装備について㈣

［安倍内閣の大軍拡］

これまで、自衛隊の装備が知らない間に強化されていることを見てきましたが、安倍内閣の登場で、それが一段と強められています。

安倍内閣は昨年（二〇一三年）十二月、「国家安全保障戦略」を決定しました。この「戦略」は、これまでの「専守防衛」に代えて集団的自衛権の行使をにらんだ「積極的平和主義」を「基本理念」として明記、アジア太平洋地域、地球規模で軍事的関与を強めていくことを宣言しました。また、この「戦略」を踏まえた新「防衛計画の大綱」も決めました。

この「大綱」では、中国を念頭に置き、南西諸島防衛を強化するとして、アメリカの海兵隊のような水陸両用作戦能力を持つ「水陸機動団」の新設が盛り込まれています。この部隊の装備として、二〇一四年度から五年間の「中期防衛力整備計画」では水陸両用車が五十二両も導入されます。

この他、「中期防」では機動戦闘車が九十九両導入されることになっています。これは戦車のような能力を持っていますが、キャタピラーではなくタイヤで走行するもので、輸送機に載せて海外でも戦闘に参加できるものです。また、危険な航空機ということで、沖縄への米軍による導入に多くの国民が反対したオスプレイを十七機も導入することになっています。オスプレイはこれまでのヘリコプターに比べて輸送人員も多く、スピードも速いので、海外展開に適しているのです。

この他、「中期防」では、新型多用途護衛艦二隻、イージス護衛艦二隻、新早期警戒機四機、Ｆ３５戦闘機二十八機、新空中給油・輸送機三機、滞空型無人偵察機など、「専守防衛」では必要なかった装備が続々と導入され、その総額は二十四兆六千七百億円にものぼります。

安倍内閣は、「財政が大変だから」とか、「福祉のため」とかいって、今年（二〇一四年）四月から消費税を８％に、さらに来年には10％に引き上げようとしていますが、その一方で、法人税の減税、大規模な公共事業と並んで軍備拡張に莫大なお金を投入しようとしているのです。

第七十七話　集団的自衛権行使の実態

「集団的自衛権」については、第七十三話、第七十四話で述べましたが、今回は、実際にどのような場合にこれが行使されたかを見ていきたいと思います。

二〇〇一年五月に田中真紀子外務大臣は、参議院予算委員会で次のよう答弁しています。

（問）例えば、加盟国に武力攻撃が発生した時に集団的自衛権を行使することを明記している条約にＮＡＴＯ、北大西洋条約機構がありますけれども、ＮＡＴＯが結成されて半世紀以上になりますが、ＮＡＴＯが集団的自衛権を行使したことはあるでしょうか。

（答）ＮＡＴＯの事例は承知しておりません。

（問）　ＮＡＴＯ以外でも、例えばリオ条約と呼ばれる全米相互援助条約というのがあります。ここは発動したことがあるでしょうか。

（答）　いわゆるリオ条約ですが、これも承知しておりません。

これらの軍事同盟は、まさに国連憲章第五一条に集団的自衛権が明記されたことを根拠につくられたものですが、これらの同盟でも実は一度も行使されたことがなかったのです（この答弁の半年後、９・１１の同時多発テロを受けて、ＮＡＴＯによる集団的自衛権の発動がはじめて行われました）。では、集団自衛権の行使はこれまでどのような場合に行われたのでしょうか。

このことについての外務大臣の答弁は次のようなものでした。

（問）　外務大臣に伺いたいと思うんですが、集団的自衛権の行使ということでこれまで軍事行動を起こした国に旧ソ連あるいはアメリカがあります。旧ソ連が自国の軍事行動を国連憲章第五十一条による集団的自衛権の行使、こういうことで説明した例というのはどういうものがあるでしょうか。

（答）　一九六八年のチェコスロバキア及び一九七九年、アフガニスタンでの軍事行動だと思います。

（問）　同様に、アメリカについてはどうでしょうか。

（答）　いわゆるベトナム戦争でございます。

このほかに、この答弁では触れられていないが、ソ連が引き起こしたハンガリー動乱、アメリカのニカラグアに対する軍事攻撃、イギリスのイエメン介入などがあります。

安倍首相はあたかも「集団的自衛権」を行使できなければ一人前の国ではないかのように主張して強引に解釈変更を推し進めようとしていますが、実際に行使された例は極めて少なく、しかも、超軍事大国ばかりであって、「集団的自衛権」を行使できなければ半人前というわけでは決してありません。

また、実際に行使された例を見ると、どこかの国が攻撃されたから、その国を助けるために軍事行動するという集団的自衛権の建前から逸脱して、殆どが違法な侵略だったのです。

第七十八話　緊急事態条項

参議院選挙を前にして、安倍首相は憲法に「緊急事態条項」を付け加えるという憲法「改正」を行うことを公約にすると表明しました。

これは憲法九条を変えることは当面国民の抵抗が強いので、他のことで憲法「改正」を行い、いわば国民に「改正」に慣れっこになってもらおうというねらいがあります。同時に、これ自体が国民を戦争に動員する体制づくりでもあり、昨年強行採決された戦争法の裏付けになるものできわめて危険なものです。

二〇一一年三月十一日、東日本を襲った大震災と原発事故は国民に大きな衝撃を与えました。「このような特別な事態には特別な体制が必要ではないか」という考えが人々に受け入れられやすいということで、「緊急事態条項」を憲法に付け加えようという動きが改憲勢力の中から出てきました。

大震災と原発事故が起こって五年が経過しましたが、復興は必ずしも順調ではなく、特に原発事故のために今もって多くの人々が避難生活を送っている状況です。しかし、そうなっているのは憲法に「緊急事態条項」がないからではなく、地震や津波に対する対策が十分とられていなかったことや政府の対策の不十分さによるものです。

自民党の改憲草案の緊急事態条項は次のようなものです。

第九十八条　1　内閣総理大臣は、我が国に対する外部からの武力攻撃、内乱等による社会秩序の混乱、地震等による大規模な自然災害その他の法律で定める緊急事態において、特に必要があると認めるときは、法律の定めるところにより、閣議にかけて、緊急事態の宣言を発することができる。

第九十九条　1　緊急事態の宣言が発せられたときは、法律の定めるところにより、内閣は法律と同一の効力を有する政令を制定することができるほか、内閣総理大臣は財政上必要な支出その他の処分を行い、地方自治体の長に対して必要な指示をすることができる。

3　緊急事態の宣言が発せられた場合には、何人も、法律の定めるところにより、当該宣言に係る事態において国民の生命、身体及び財産を守るために行われる措置に関して発せられる国その他公の機関の指示に従わなければならない。

内閣総理大臣が「緊急事態」を宣言すると、**「内閣は法律と同一の効力を有する政令を制定することができる」**ということになります。明治憲法では天皇に「勅令」という名の法律を議会の議決を経ないで発布する権限がありましたが、総理大臣がそれと同じ権限を持つわけです。地方自治は否定され、首長は首相の指示に従わなければならなくなります。

また「国民は国民の生命、身体及び財産を守るために行われる措置に関して発せられる国その他公の機関の指示に従わなければならない」ということで、国民は国や公の機関の命令にそむくことはできなくなります。

それに、草案の九十八条には「我が国に対する外部からの武力攻撃、内乱等による社会秩序の混乱、地震等による大規模な自然災害その他の法律で定める緊急事態」とあって、真っ先に「戦争」が挙げられていて自然災害は最後なのです。

古館伊知郎さんが報道ステーションのメインキャスターを降板する際の置き土産のように、ワイマール憲法の緊急事態条項を利用してヒトラーが独裁体制をつくりあげたことを伝えた番組は大きな反響をよびました。

これからも、メディアも使って憲法をめぐってまことしやかにいろんな言説がふりまかれ、国民を改憲の方向に誘導する動きがつよまるに違いありません。私たちも、これに負けずに、憲法についての学習を深め、さまざまな形で伝えていかなければならないと思います。

おわりに

昨年（二〇一五年）九月に強行採決された「安全保障法」は憲法九条に明白に違反し、日本を戦争に巻き込む「戦争法」であることは明らかです。

これに対して、日本弁護士連合会、歴代の内閣法制局長官、最高裁の長官経験者などの法曹関係者、五千人にものぼる学者、シールズやママの会、そして大勢の市民が戦争法反対の声をあげ続けています。

そういうなかで、二〇一六年の参議院選挙が行われました。安倍首相は念頭の記者会見などでは改憲の意欲を示していましたが、選挙戦のなかでは改憲にはほとんど触れず、もっぱらアベノミクスと野党連合批判に終始しました。

他方、四野党と市民連合によるはじめて共闘も行われました。結果的には、野党共闘による前進は今後に一つの展望を示しましたが、自民・公明両党とその追随勢力で改憲の発議に必要な三分の二の議席を参議院でも占める結果になりました。

私たちは、戦争法の廃止を求めるたたかい、憲法改悪の発議をさせないたたかいを粘り強く進めるとともに、「憲法を守る」「九条を守る」ことを国民に働きかけ、国民の過半数の賛同がえられるようにこれからもがんばっていかなければなりません。この本がそのための一助となることを心から願って筆を置きます。今後も、おりにふれて、憲法やそれに関係することについて『茂原革新懇通信』には掲載していく予定です。
実は、茂原九条の会の活動のなかで知り合いになった大久保浩さんが、こうした本の出版についてお詳しく、大変なご助力をいただきました。大久保さんのお助けなくしては、出版にこぎつけることはできませんでした。心から御礼申上げます。

文中に引用させていただいたものの他、参考にした本をいくつか紹介しておきます。
田村理『僕らの憲法学』(ちくまプリマー新書、二〇〇八)
共同通信社憲法取材班『「改憲」の系譜』(新潮社、二〇〇七)
伊藤真『憲法の知恵ブクロ』(新日本出版社、二〇一〇)『憲法の力』(集英社新書、二〇〇七)
渡辺賢二・齋藤一晴『アジアの人々とともに「戦争の記憶」を継承する』(平和文化、二〇〇七)
伊勢崎賢治『自衛隊の国際貢献は憲法九条で』(かもがわ出版、二〇〇八)
浜林正夫『人権の歴史と日本国憲法』(学習の友社、二〇〇五)
「もしも憲法9条が変えられてしまったら」『別冊世界七三二号』(岩波書店、二〇〇四)
樋口陽一『いま憲法は「時代遅れ」か』(平凡社、二〇一一)
山田朗『護憲派のための軍事入門』(花伝社、二〇〇五)
豊下楢彦・古関彰一『集団的自衛権と安全保障』(岩波新書、二〇一四)
古関彰一『平和憲法の真相』(ちくま新書、二〇一五)
半田滋『日本は戦争をするのか - 集団的自衛権と自衛隊』(岩波新書、二〇一四)
梅林宏道『在日米軍』(岩波新書、二〇〇二)
小西豊治『憲法「押しつけ」論の幻』(講談社現代新書、二〇〇六)
松竹伸幸『集団的自衛権の深層』(平凡社新書、二〇一三)『9条が世界を変える』(かもがわ出版、二〇〇五)

岡崎　巌（オカザキ イワオ）

1940 年　山口県生まれ
1963 年　東京教育大学文学部史学科卒業
千葉県立長生高校に社会科教員として赴任
2001 年　千葉県立成東高校を最後に定年退職
2001 年　11 月　茂原革新懇結成に参加、現在まで事務局長
2004 年　千葉県革新懇の代表世話人として現在にいたる
2006 年　2 月　茂原九条の会結成に参加、
現在まで事務局を担当

憲法のはなし

2016 年 11 月 15 日　第 1 刷発行
著　者　岡崎　巌
発行者　川畑善博
発行所　株式会社ラグーナ出版
〒 892-0847
鹿児島市西千石町 3-26 イースト朝日ビル 3F
TEL 099-219-9750　FAX 099-219-9701
http://lagunapublishing.co.jp
印刷・製本　有限会社創文社印刷
装丁　大久保浩　DTP　Ohkubo Factory

定価はカバーに表示しています
乱丁・落丁はお取り替え致します
ISBN 978-4-904380-58-1　C0032